LES
MONTAGNARDS
DES ALPES.

I.

PARIS. — IMPRIMERIE DE COSSON,
9, rue Saint-Germain-des-Prés.

LES

MONTAGNARDS

DES ALPES,

(1488)

PAR M. FABRE D'OLIVET.

I.

PARIS,

AMBROISE DUPONT, ÉDITEUR,
7, RUE VIVIENNE.

1837.

INTRODUCTION.

S'il est un côté de notre belle France dont les limites naturelles soient bien distinctement tracées, c'est sans contredit celui de l'Italie. Entre les deux contrées surgit une formidable barrière, les Alpes, dont les pics aigus et dentelés, s'élevant jusqu'au dessus des nuages, semblent vouloir séparer non seulement le sol, mais encore le ciel des deux pays. Là viennent aboutir d'un côté les vallées françaises de la Provence et du Dauphiné; de l'autre, les plaines italiennes du Piémont, à peine séparées par un étroit espace. Mais la nature semble avoir voulu que cet espace fût infranchissable, comme si elle eût craint de mêler le sang des Gaules à celui de l'Italie. Il a fallu tout l'effort de notre civilisation moderne pour rendre désormais facile au plus humble citoyen les exploits fabuleux des Brennus et des Hannibal. Elle seule a pu percer ces aiguilles gigantesques, ces pics vieux comme le monde, et jeter ses routes audacieuses au dessus de ces colosses de granit.

Avant ces merveilles de notre siècle, les Alpes, presque vierges de toute agression humaine, étaient restées neutres entre les deux contrées. Au levant, l'Italie; au couchant, la France : le milieu n'appartenait à personne. Au centre de ces montagnes s'était formée une nationalité indépendante, qui serpentait entre les deux nationalités rivales sans se confondre avec elles. Protégée, et je dirais presque couverte de toutes parts de ses immenses rochers, elle subsistait parce qu'elle était ignorée; elle ignorait à son tour ses puissans voisins, et le nom du roi de France lui était aussi inconnu que celui du prince de Piémont.

Les Alpes cependant enfermaient dans leur

sein des vallées étendues et fertiles malgré leur aspect désert et sauvage, et ces vallées nourrissaient une race laborieuse et florissante de chasseurs et de bergers. Elles formaient une sorte de confédération dont les peuplades, unies entre elles quoique distinctes, s'étendaient dans toute la chaîne des montagnes, suivant les gorges qui sillonnent en tous sens leurs masses imposantes. Dès les temps les plus reculés, où remontent les premiers monumens de leur histoire, les vallées principales portaient le nom qu'elles conservèrent long-temps; c'étaient celles de Pragela, de Queyras, de Val-Loyse, de Fraissinières, de l'Argentière, de l'Angrogna, de Val-Clusone, de Lucerna, de Pérosa, de San-Martino, etc.

Aujourd'hui que la civilisation a envahi ces contrées, il est arrivé ce qui arrive partout. Le froissement continuel des populations les unes contre les autres a effacé peu à peu les traits de leur physionomie primitive. Non seulement les races d'hommes ont changé de nom et de figure, mais encore le pays lui-même qu'elles habitaient a subi d'étranges modifications. Les noms que portaient les différens lieux ont disparu en partie avec la langue; les souvenirs qui servaient à les distinguer sont effacés; l'histoire semble muette en présence de ce pays défiguré, et on dirait que la patrie de ce peuple mort et martyr, s'est écroulée sur son cercueil (1).

Les hommes qui habitaient cette contrée à la fois sauvage et fertile, étaient rudes et fiers comme le sol qui les avait vus naître. Ces mon-

(1) Au centre se trouvait la vallée d'Angrogna enfermée de tous côtés par les autres. — En remontant vers le nord, on voyait successivement la vallée de San-Martino, avec laquelle elle ne pouvait communiquer que par un seul passage, le pont du Tour; puis celle de Pragela, et enfin celle de Val-Loyse plus à l'ouest et avancée en France. — En redescendant à l'ouest le long du versant français, les vallées de Fraissinières, de l'Argentière et de Queyras. — A l'est, du côté du Piémont, le Val-Clusone et Pérosa. — Au sud, Lucerna.

Le val d'Angrogna tirait son nom de la rivière qui le divisait en deux parties. Coulant de l'ouest à l'est, elle baignait successivement sur sa rive droite les montagnes de la Cella Veglia, du Sandalino, du Vandalin, de Costa Rossina, du roc della Torre, et sur la rive gauche, celle de l'Infernet, du Seyrano, de la Valchera, recevait au centre de la vallée le torrent du Revangiero, et se jetait dans le Pelice. Cette rivière, qui recevait le Chiamogna, et se réunissait ensuite au Clusone au sortir du val qui portait ce nom, bordait la plaine fertile de San-Joan et se trouvait ainsi la limite d'Angrogna au sud-est.—Sur la rive droite de l'Angrogna se voyaient les villages de Mananda, Piu-Castel, Senssomala, etc., et sur la rive gauche, Buona-Notte, San-Laürens, etc.

Ces lieux seront décrits dans le courant de cette histoire.

tagnards, vivant dans un état de simplicité primitive, endurcis par le travail et le besoin, poursuivaient le gibier dans les forêts les plus épaisses, sur les rochers les plus inaccessibles, et avaient su porter la vie humaine jusqu'au pied des neiges et des glaces éternelles. Cette existence continuellement agitée, mais paisible, pleine de rudes travaux, mais exempte de peines, leur avait donné une force peu commune. Étrangers aux ravages de la guerre et de la discorde, chastes et robustes, leur nombre s'était rapidement accru au milieu des déserts de leur patrie, et lorsque la haine, l'ambition et le fanatisme de leurs voisins soulevèrent à la fin du XVe siècle la tempête que nous décrirons dans le courant de cette histoire, ils pouvaient, selon leurs historiens, compter sous les armes près de 20,000 soldats.

Toutes les peuplades reconnaissaient le val de Pragela comme le lieu commun de leur origine (1); mais depuis, la forte position des val-

(1) Nous suivons ici les historiens vaudois comme les mieux instruits. Tous les autres varient : Chorier indique Valpute ou Val-Loyse, et Valbonnays, Angrogna. Mais les pièces qu'il fournit à l'appui de cette assertion prouvent seulement que le dauphin Humbert ignorait l'histoire des montagnards qu'il proscrivait, et voilà tout.

lées de l'Angrogna situées au centre des montagnes, l'importance de leur population et de leur étendue, les faisaient regarder comme le siége de la confédération des vallées.

Cette confédération devint de plus en plus étroite, lorsque le contact de plus en plus rapproché des nations voisines eut appris aux montagnards tout ce qu'ils en devaient craindre. Il y avait un abîme entre eux et leurs voisins : la religion.

Ces hommes simples, éloignés de tout commerce avec les peuples qui les entouraient, n'avaient pas eu connaissance de toutes les modifications que l'ambition des papes, les discussions des moines, la domination du clergé, avaient peu à peu introduites dans la religion chrétienne. Cette religion, qu'ils disaient tenir des apôtres eux-mêmes, et qui sans doute remontait au berceau du christianisme européen, ils l'avaient conservée telle qu'ils l'avaient reçue de leurs pères ; et si, selon le sort de tout ce qui est livré à l'intelligence humaine, elle avait été peu à peu dénaturée, elle l'avait été en dehors du grand mouvement du catholicisme, et par conséquent de manière à s'en éloigner de plus en plus. A cette première cause de dissidence, d'autres étaient venues se joindre.

Les disciples de Valdo, cet hérésiarque de Lyon qui, vers l'an 1160, s'était élevé contre le dogme de la présence réelle de Jésus-Christ dans l'eucharistie, avaient été dispersés par les persécutions. Tandis que les uns se réfugiaient dans le comté de Toulouse, y semaient leurs doctrines, et y étaient exterminés par cette déplorable croisade des Albigeois qui mit à feu et à sang tout le midi de la France, les autres erraient dans toutes les contrées de l'Europe depuis les plaines de la Flandre jusqu'au bout de la Pologne, et depuis les montagnes de la Calabre jusqu'aux portes de Constantinople. Quelques uns trouvèrent un asile dans les vallées inaccessibles des Alpes et reconnurent des frères dans les habitans de ces contrées. Leurs doctrines étaient les mêmes, et si quelques dissemblances se manifestaient encore entre les disciplines de Valdo et les dogmes de l'Église primitive, l'influence que donnaient aux fugitifs leur savoir, leur zèle, et cet intérêt qui s'attache aux victimes de la persécution, les firent disparaître. Les montagnards des Alpes n'eurent bientôt qu'un culte avec les exilés de Lyon; ils s'associèrent en idée aux martyrs.

d'Albi et de Béziers, et jurèrent une haine éternelle à Rome, à son pape, et à son culte.

Le gouvernement de la nation vaudoise était essentiellement électif, et tout chef de famille avait sa part égale de souveraineté. Nulle charge, nulle dignité n'était héréditaire; toutes étaient révocables, une seule exceptée, qui une fois conférée était indélébile : celle des ministres du culte, ou du moins, on n'avait pas d'exemple du contraire.

De plus, chaque état, membre de la confédération vaudoise, s'administrait à son gré, choisissait telle forme de magistrature qui lui plaisait : c'est ainsi que la vallée de Fraissinières était régie par deux consuls, tandis que celle de Pragela avait un magistrat unique sous le nom de Maïor; que la vallée de Lucerna obéissait à des Régidors, tandis que celle d'Angrogna recevait les lois d'un sénat ou conseil des anciens. Cette diversité d'organisation tenait plutôt au respect des montagnards pour les traditions de leurs ancêtres qu'à des divergences d'opinion. Et d'ailleurs, le gouvernement étant sans cesse renouvelé ne pouvait être que l'expression du vœu des citoyens, et sa forme devait varier suivant les exigences du moment.

Mais un vice bien grave résidait dans cette organisation toute locale et éphémère : le défaut d'ensemble et d'unité. Ne pouvait-on craindre à chaque instant la dissolution d'une confédération de gouvernemens hétérogènes sans lien commun, sans fixité, jouets du caprice de la multitude? Non, car sous ce désordre apparent étaient cachés la centralisation la plus énergique, et les moyens les plus sûrs et les plus prompts de concorde et d'unanimité.

Le premier moyen résidait dans les assemblées générales. Chaque année, toutes les vallées faisant partie de la confédération envoyaient dans celle d'Angrogna, qui, comme nous l'avons vu, leur servait de capitale, des députés élus pour discuter les affaires générales et réviser les actes de la communauté. Cette assemblée constituait l'autorité suprême de la confédération. Dans les circonstances urgentes, elle était convoquée extraordinairement, et chaque chef de famille, de quelque canton qu'il fût, avait le droit d'y assister et d'y déposer son vote.

L'autorité exécutive était attribuée au Maïor suprême dont Angrogna était également la résidence, et qui se trouvait à la fois chef civil et chef religieux. Il déléguait à son tour dans chaque canton son pouvoir aux Barbas, ministres du culte.

C'était là le lien le plus étroit et le plus sûr de la confédération vaudoise ; la religion unissait tout. Le Maïor suprême ordonnait à la fois au nom de Dieu et au nom des hommes ; les Barbas, dépositaires de sa volonté, disséminés sur toutes les vallées, la répandaient à l'instant et en assuraient l'exécution. Le gouvernement central étendait donc un vaste réseau sur toutes les fractions de l'unité vaudoise, et avait à chaque pas son représentant.

Les fonctions de ces Barbas étaient à la fois civiles et religieuses. Après de longues études préparatoires et un examen public, ils étaient institués par le Maïor suprême en assemblée générale. Dès lors, objet de vénération pour les fidèles qui devaient fournir à leurs besoins si leur patrimoine n'y suffisait pas, ils avaient mission de répandre l'instruction et les consolations de la foi dans la vallée où leur résidence était fixée. Ils étaient en outre chargés de la perception des impôts qui consistaient dans les collectes dont le produit était annuellement réparti par leurs soins entre les pauvres de la vallée.

Les Barbas constituaient ainsi, il est vrai, une aristocratie exclusivement dirigée par le Maïor suprême ; et avec une organisation différente, c'eût été une faute grave. Mais le mode électif du conseil des anciens, le vote universel des chefs de famille, et l'autorité sans bornes des assemblées générales, qui soumettaient à leur contrôle la conduite du Maïor et pouvaient le révoquer en cas d'abus, surtout enfin la pureté des mœurs vaudoises, empêchaient cette aristocratie théocratique de devenir dangereuse pour la liberté. De plus, le Barba avait une famille; il pouvait être époux et père; son fils rentrait dans la classe des simples citoyens; tous ces liens le rattachaient à la grande famille vaudoise, et l'égalaient aux autres citoyens dont il ne devait être distingué que par son dévouement et ses vertus.

Le principe du gouvernement était donc la théocratie; le mode, l'élection; la forme, l'autorité paternelle. Chaque chef de famille, maître dans son intérieur, était soumis au conseil des anciens, pères de famille qu'il avait choisis lui-même, et qui obéissaient au père suprême de la nation entière, le Maïor.

Dans les vallées, tout homme était soldat lorsque la patrie était en danger. Mais chaque canton avait une force militaire permanente, composée de jeunes chasseurs non mariés. Les chefs de cette milice nationale étaient élus chaque année par leurs compagnons, à l'époque des grandes chasses. Au reste, non seulement ces chefs passagers n'avaient aucune influence dans le gouvernement général ou l'administration des cantons, mais encore le vœu des jeunes chasseurs qui les avait créés, pouvait les déposer. Subordonnés à l'autorité des chefs de famille, ils n'étaient que le bras de la nation, dont le conseil des anciens était la tête (1).

(1) Sans avoir l'intention de montrer de l'érudition classique hors de propos, mais seulement dans le but de faire un rapprochement curieux, nous ferons remarquer que cette institution, dont on a peine au premier coup d'œil à concevoir le mécanisme, n'était après tout, qu'on me pardonne l'expression, que renouvelée des Grecs. La milice des *Jouvenceaux* (car nous lui donnerons ce nom, faute d'autre) n'était en effet autre chose que celle des *Péripoles* (Περίπολοι) d'Athènes, dans laquelle on entrait à dix-huit ans, et dont on sortait à vingt. Le but de ces deux corps militaires était le même : assurer la tranquillité du territoire et la police de l'intérieur. — Et ce qui étonnera peut-

Telles étaient les principales institutions des Vaudois des Alpes, au commencement de leur pénible lutte contre les persécutions de la cour de Rome. J'aurai souvent occasion dans le courant de cet ouvrage de les présenter avec plus de détails et d'intérêt. Mais j'ai cru devoir tracer d'abord le tableau rapide de leur ensemble pour donner une juste idée de l'état social de ce peuple inconnu. Certes, une semblable constitution annonce une haute supériorité dans un temps où la France et l'Europe entière gémissaient encore sous les chaînes pesantes de la barbarie et de la féodalité. Ce n'est pas qu'elle fût parfaite. Elle avait même un grand défaut, celui d'avoir été conçue en dehors de toute prévision des attaques extérieures. Tant que les vallées, ignorées de leurs voisins, furent comme seules au monde, elles vécurent dans une paix profonde, sous la protection de leurs lois paternelles ; mais lorsqu'à la suite de l'invasion et des guerres étrangères, l'ambition et la discorde purent pénétrer dans leur sein, les mœurs publiques furent ébranlées, les mau-

---

être le lecteur parisien, c'est que cette grave fonction, confiée à des mains si jeunes, fut parfaitement remplie. Nul pays n'était intérieurement plus tranquille et plus sûr que l'Attique.

vaises passions ruinèrent l'édifice social, et, ainsi que nous le verrons plus tard, les désastres vinrent aussi bien du dedans que du dehors.

Tant que les peuples vivent heureux et paisibles, ils n'ont pas d'histoire; l'annonce de leur existence suffit. Le repos et le bonheur n'ont pas d'annales pour la postérité.

Les récits ne commencent qu'avec les désastres, les guerres, les persécutions. L'histoire n'est trop souvent que le martyrologe des peuples.

Or, il en est ainsi pour les Vaudois des Alpes.

De temps immémorial, suivant l'expression même de l'inquisiteur Regnerus, ils vivaient tranquilles, presque ignorés de leurs voisins, lorsque peu à peu leur existence se divulgua, mais en même temps le renom de leur bravoure et de leur pauvreté. Aussi les puissans princes qui les entouraient avaient-ils long-temps redouté ou dédaigné d'en entreprendre la conquête; quelques uns par vanité en auraient conçu peut-être la pensée, mais c'est à peine si le dauphin de Viennois, les seigneurs de Briançon et d'Embrun du côté de France, et les comtes de Piémont du côté de l'Italie, avaient réclamé des vallées les plus voisines un stérile hommage. Cette vaine formalité une fois accomplie par les habitans des Alpes seulement par amour de la paix et sans qu'ils en comprissent la portée (1), ils avaient conservé toute leur indépendance. Peu curieux de connaître leurs voisins, ils enfermaient encore dans leurs montagnes le secret de leurs forces, de leurs lumières et de leurs ressources, lorsqu'un arrêt de la cour de Rome les enveloppa dans la grande famille proscrite des Vaudois, et les comprit tous dans le même anathème. On ne connaissait pas, il est vrai, ceux que l'on condamnait, mais il suffisait qu'ils fussent condamnés, et en l'année 1348, l'archevêque d'Embrun

---

(1) Il paraît cependant que lors de la rédaction de la charte communale, coutumes et priviléges du Briançonnais, la vallée de Pragela envoya des députés qui coopérèrent à cette œuvre importante et par là se soumirent positivement au dauphin suzerain de Briançon (voy. Valbonnays et Despons qui a publié cette charte en 1646). Mais il est à remarquer que la vallée de Pragela fut toujours beaucoup plus mêlée que les autres vallées aux mouvemens politiques de ses voisins. C'est encore elle qui sert de motif à l'ordonnance de Louis XI que nous rapporterons bientôt. Sa civilisation politique et ses richesses commerciales s'accrurent par ces relations; mais elle déchut dans la considération des fidèles, et le chef-lieu fut transporté en Angrogna.

les poursuivit avec vigueur (1). Il sollicita et obtint des secours efficaces du dauphin Humbert qui affectait la suzeraineté des vallées. Abandonnant les voies de prudence et de charité suivies par son prédécesseur Guillaume de St.-Marcel, chef de l'inquisition et évêque de Nice, qui cherchait à ramener par la douceur ses frères égarés, il employa le fer et le feu pour cautériser la plaie. Il trouva un digne successeur dans le bailli de Borelly ou Bourelli.

Borelly vint s'établir à Embrun, et de là cita à son tribunal les habitans des montagnes ; c'est-à-dire qu'il envoya un huissier crier la sommation à la porte de la ville, en face des pics de neige qui s'élevaient à l'horizon : puis il en attendit le résultat. Les montagnards, comme on devait s'y attendre, ne parurent pas. Alors, ils furent déclarés relaps, contumaces, aggravés et réaggravés pendant treize années de suite, durant lesquelles, ainsi que le dit le naïf historien dont nous conserverons les

---

(1) Décret de Humbert-Dauphin qui ordonne au bailli d'Embrun et de Briançon de prêter main-forte à l'archevêque d'Embrun contre les Vaudois; donné à Villeneuve de Saint-André, près Avignon, le 2 janvier 1348 (texte authentique dans Valbonnays, t. II, pag. 570).

paroles, Borelly eut la consolation de pouvoir toujours en attraper quelques uns, de ci, de là, qu'il fit brûler à intervalles jusqu'au nombre de *huit cent huictante. Car lorsque aucuns de ces mécréans par ruse ou autre voie étaient appréhendés, étaient vitement conduits à Grenoble, et là, sans autre figure de procès, brûlés vifs* (1).

En effet, ils étaient déjà reconnus coupables, et condamnés !

Il vint un moment où l'encombrement des prisonniers était tel qu'on ne savait plus quel parti prendre. Ils mouraient de faim, et Borelly voulant les réserver au bûcher dut s'adresser à la charité du peuple et mendier du pain pour eux ! Il est vrai qu'il sut vider promptement les prisons ! Il en fit brûler deux cent trente à la fois ; puis ensuite, cent cinquante à Grenoble, sur le même bûcher.

Mais cette persécution ne s'attaquait en-

---

(1) Les salaires des agens employés à la chasse des Vaudois ne paraissent pas très-élevés. On trouve dans les comptes rendus par ce Borelly. « Item pro diversis nuntiis missis ad diversa loca pro persequendis Valdensibus, etc., VIII s. XI d. » (Extractum computi Gugl. Borellii balivi Ebredunesii ; Valbonnays, t. II.) Il est vrai que le texte ne porte pas combien de têtes vaudoises ils fournirent pour ces huit sous onze deniers.

core qu'à des individus isolés; la nation elle-même ignorait qu'elle fût persécutée. Les jugemens de l'église d'Embrun n'étaient pour ces grossiers montagnards que des brigandages et des assassinats, qu'il fallait éviter par la prudence, ou repousser par la force. Ainsi s'écoula encore un siècle, pendant lequel les annales vaudoises sont muettes. Elles ne contiennent que le récit de quelques supplices individuels, et le nom des persécuteurs les plus acharnés, ou les plus habiles à faire tomber dans leurs piéges les hérétiques des montagnes. Parmi eux, nous devons surtout signaler un certain Jehan, qui fut archevêque d'Embrun vers l'an 1460, et un frère mineur, nommé Jehan Veyleti, qui, chargé de la même mission que Borelly, s'en acquitta avec autant de zèle et surtout d'intelligence, en 1478.

Mais lorsque Louis XI eut définitivement ajouté au domaine royal le Dauphiné et tous les fiefs qui en relevaient; lorsque, méditant de longue main, et effectuant enfin la réunion de la Provence à sa couronne, il se trouva ainsi maître de toute la frontière des Alpes; ce roi, dont le regard perçant embrassait tout, découvrit ce peuple obscur, enseveli dans ses montagnes, et il en revendiqua la possession. Il est vrai que, fidèle à sa politique habituelle, il se porta d'abord comme son défenseur. Les soudards et les inquisiteurs de Jehan Veyleti inquiétaient plus que jamais les paisibles habitans du val de Pragela. Louis défendit les *pauvres manans* contre les empiétemens ecclésiastiques et féodaux. Il ordonna, par une lettre datée d'Arras, le 18 mai 1478, de cesser toutes poursuites contre eux, et se déclara le seigneur et le protecteur de toutes les vallées des Alpes.

« Loys, par la grâce de Dieu, roy de France,
» dauphin de Viennois », dit-il dans ces lettres, dont la formule curieuse mérite d'être conservée, « de la partie des manans et habitans de
» la Val-Loyse, Fraissinières, Argentière, Pra-
» gela et autres lieux, touts tels qu'ils se tiennent
» et comportent, nous a été exposé qu'aucuns
» Religieux mendians, sous ombre d'office
» d'inquisiteurs de la foy, les aucuns ont mis
» en gehenne et question sans information
» précédente, ont pris et exigé fortes sommes
» de deniers, et par divers moyens, les ont
» injustement vexés et travaillés à leur grand
» préjudice et dommage..... Parquoy. Avons,

» après mure délibération, et de notre certaine
» science, gré spécial, pleine puissance, aux-
» dits supplians et tels autres qui ainsi se com-
» portent, ottroyé et ottroyons, et de notre
» autorité delphinale et royale, voulu et or-
» donné, voulons et ordonnons, aboli et abo-
» lissons, mis et mettons au néant par ces
» présentes toutes poursuites et entreprises
» quelconques, etc. »

Louis XI savait se faire obéir. L'archevêque d'Embrun essaya en vain de protester; il fallut se soumettre, et les Vaudois apprirent avec joie qu'ils avaient trouvé un protecteur dans le prince qu'ils croyaient leur ennemi.

Mais leurs voisins de France n'étaient pas les seuls qu'ils dussent craindre, et du côté du Piémont les barrières des rochers n'étaient pas encore assez hautes pour les protéger contre des persécutions plus vives et des attaques plus ouvertes. Les bandes de condottieri et d'aventuriers, qui ravageaient alors l'Italie, ne croyaient pouvoir mieux gagner des indulgences qu'en faisant de temps à autre quelque incursion dans les vallées hérétiques; croisades d'autant plus méritoires aux yeux du fanatisme de cette malheureuse époque, que le danger en était plus grand. Car les montagnards intrépides et robustes, qui tombaient si facilement dans les piéges des inquisiteurs, se défendaient beaucoup mieux à main armée, et donnaient souvent de rudes leçons aux *soldats de saint Nicolas*. Mais, de même que tous les peuples simples et confians, ils ne soupçonnaient jamais ni ruses ni surprises, et leur inexpérience succombait souvent sous les coups de l'ennemi qu'ils avaient repoussé la veille.

Un des plus grands désastres dus à cette cause, dont l'histoire ait conservé le souvenir, fut l'invasion du val de Pragela en l'an 1400, par une armée de condottieri et de pillards venus de Suze. Deux historiens du val, Vignaux et Paul Perrin, en ont laissé un récit si touchant et si naïf que je ne puis m'empêcher d'en transcrire ici les principaux traits. Le lecteur pourra ainsi se former une idée de ces anciens historiens vaudois, et me pardonnera sans doute par ce motif cette citation originale, qui, au reste, sera la dernière :

« Quant aux Vaudois de la vallée de Pra-
» gela, ils furent assaillis par leurs ennemis du
» côté de Suze, ville de Piémont, environ l'an
» mille quatre cens. Et d'autant qu'en vain

» souvent les avaient-ils assaillis en saison qu'ils
» se pouvaient retraire au haut des montagnes
» ès cavernes d'icelles, d'autant que de là ils
» endommageaient fort ceux qui les y venaient
» assaillir; lesdits ennemis les attaquèrent en-
» viron les fêtes de Noël, en temps que ce
» pauvre peuple n'eut jamais estimé que l'on
» eut osé passer les montagnes chargées de neige.
» Voyant les cavernes prises par leurs enne-
» mis, ils se jetèrent en une des plus hautes
» montagnes des Alpes, nommée depuis l'Al-
» bergam, comme qui dirait la montagne de
» la retraite, y accourant avec leurs femmes et
» enfans, les mères portant leurs berceaux, et
» traînant par la main les petits qui pouvaient
» marcher. L'ennemi les suivit jusqu'à la nuit,
» et en tua quantité avant qu'ils fussent sur la
» montagne. Ceux qui furent mis à mort alors
» eurent meilleur marché. Car la nuit ayant
» surpris ce pauvre peuple qui était dans la
» neige sans aucun moyen de faire feu pour
» chauffer leurs petits enfans, la plupart tran-
» sirent de froid, et trouva-on le lendemain
» matin quatre-vingts petits enfans morts dans
» leurs berceaux, et la plupart de leurs mères
» auprès d'eux mortes, et d'autres du peuple

» morts aussi. Les ennemis s'étant retirés la
» nuit ès maisons de ce pauvre peuple, sacca-
» gèrent et pillèrent tout ce qu'ils purent em-
» porter... »

Ces combats perpétuels qui amenaient de tristes et sanglantes représailles, les cruautés des inquisiteurs qui aux yeux des montagnards ne pouvaient passer que pour d'infâmes assassins, tout enfin ulcérait les esprits, et enfantait des deux côtés des haines irréconciliables; persécuteurs et persécutés, tous semblaient n'aspirer qu'au moment de tirer le glaive pour venger les injures passées. — Dans ce moment la main puissante qui de ce côté-ci des Alpes protégeait les montagnards fut frappée de mort. — A Louis XI succéda Charles VIII.

A peine la nouvelle en parvint-elle à Embrun que Jehan Veyleti remonta sur son sanguinaire tribunal. Aidé d'un fourbe gagné à prix d'argent, nommé Jehan Pellegrin, il parvint à s'emparer des deux consuls de Fraissinières, Michaële Ruffi et Joan Girald. Puis, malgré l'opposition d'un homme courageux, appelé Jacques Paliveri, qui rappela les lettres de Louis XI, et protesta contre cette iniquité, les deux consuls furent traînés le jour même sur le bûcher. Soit dédain, soit résignation, soit ignorance de leur véritable situation, ils n'avaient pas prononcé une parole.

On pouvait remarquer en ce moment autour des vallées cette fermentation du peuple, cette agitation inquiète, prélude des révolutions et des guerres acharnées. Le souvenir de tant de combats livrés, le ressentiment naturel d'un siècle de surprises, de meurtres, d'injures réciproques, rendaient des deux côtés l'explosion inévitable et prochaine. De toutes parts on prévoyait la guerre, on s'y préparait avec ardeur, on la souhaitait même. Le moment décisif était arrivé. Le pape Innocent VIII s'empressa de le saisir, et nomma Alberto de Capitanéis, archidiacre de Crémone, grand-inquisiteur de la foi, en le chargeant d'extirper l'hérésie des vallées vaudoises et autres lieux.

C'était en l'année 1488. — C'est alors que l'histoire des Vaudois commence.

I.

Le Grand-Inquisiteur.

—

Dans la petite ville de Fenestrelles, au fond du vieux couvent des frères mineurs, dont les murs crénelés et les tourelles dominaient les masures accumulées à l'entour, était un cabinet mystérieux, éloigné de tout bruit et de tout aspect profane. Dans ce réduit décoré avec une grande magnificence, deux hommes avaient une conversation qu'il nous importe de connaître pour l'intelligence de cette histoire.

L'un d'eux était prêtre. Son simple habit monastique faisait un étrange contraste avec le luxe des draperies et des tentures brillantes qui l'entouraient ; mais ses manières hautaines, sa physionomie noble et sévère, annonçaient un rang distingué. On était indécis à sa vue si les austérités du cloître ou les soucis de l'ambition avaient seuls dégarni son front et creusé ses joues. Ses yeux, qui roulaient lentement sous ses épais sourcils noirs, brillaient d'un feu sombre, et personne ne pouvait soutenir son regard perçant et observateur.

C'était messire Alberto de Capitanéis, archidiacre de Crémone, grand-inquisiteur, délégué du pape Innocent VIII.

Debout devant lui, et respectueusement incliné, se tenait un autre homme dont le costume annonçait un noble laïque, mais dont la contenance embarrassée semblait indiquer l'astuce et l'hypocrisie.

— Approchez, messire de Champollion, dit Alberto d'une voix sonore, qu'adoucissait une expression marquée de bienveillance. — Je suis charmé que vous vous soyez rencontré à Fenestrelles au moment où j'y passais moi-même. Avant de me rendre à Pignerol, où je vais recevoir notre amé prince Charles de Piémont, je suis bien aise d'obtenir quelques éclaircissemens que vous seul vous pouvez me donner.

— Monseigneur Alberto de Capitanéis peut compter sur mon dévouement.

— Eh bien, prenez un siége. Nous allons causer un moment ensemble.

Champollion s'inclina et s'assit.

— Vous savez, messire, reprit Alberto avec une noble familiarité, que notre saint père le pape Innocent VIII a jeté les yeux sur moi pour la tâche pénible d'extirper l'hérésie. J'espère, avec l'aide de Dieu et de tous les fidèles catholiques, remplir dignement cette mission. Et je regarde même comme une marque évidente de la volonté d'en haut, cette maladie et ce voyage de notre prince Charles, qui l'amènent en notre résidence de Pignerol. J'espère que le Seigneur achèvera là son ouvrage, qu'il ouvrira enfin les yeux aux grands de la terre, et que ni le roi de France ni le prince de Piémont ne me refuseront leur appui.

Champollion s'inclina de nouveau.

— Ce sont de fidèles serviteurs de l'Eglise, dit-il.

— Ah! messire, reprit Alberto avec chaleur, combien en est-il de fidèles serviteurs de l'Eglise, qui ne comprennent pas toute l'étendue, toute l'importance du devoir que leur conscience leur impose! Excepté quelques âmes d'élite, quelques esprits dans lesquels la grâce a lui de tout son éclat, je ne trouve partout que froideur et qu'indifférence. Un esprit de vertige et d'irréligion plane sur la chrétienté; des dissensions funestes arment les uns contre les autres des princes qui devraient marcher unis et fermes sous la seule bannière du Christ et de l'Eglise. Et je vous le dis en vérité, malheur à eux! car hors de l'Eglise point de salut! C'est elle qui doit rassembler en un immense faisceau les forces disséminées de toutes les nations, qui doit les diriger vers un but unique, et réaliser cette sublime pensée du monde humain ne formant plus qu'une seule famille, conduite par un seul chef, le vicaire de Jésus-Christ, le représentant terrestre, mais infaillible, de la volonté divine! — Et c'est au moment où cette grande œuvre est menacée du dehors dans son existence même, c'est au moment où le Turc impie, proclamant la loi de son prophète imposteur, vient de renverser le boulevart de la chrétienté, et s'est assis sur les ruines fumantes de la cité de Constantin ; c'est à ce moment que nous nous livrerions à des querelles intestines, que nous souffririons dans notre sein des rebelles impurs, toujours prêts à lever l'étendard de la guerre civile et à donner la main à l'ennemi ! Non ! Il faut que Satan reprenne ses enfans ! Il faut que la parole de Dieu soit accomplie : La pierre du scandale sera jetée hors du chemin..... L'arbre qui porte des fruits impurs sera coupé et jeté au feu ! L'unité de l'Eglise sera maintenue, par le glaive s'il le faut, par le glaive à deux tranchans, qui coupe sur la terre et dans le ciel. Telle est ma mission... et je la remplirai.

Alberto avait parlé avec véhémence et comme emporté par le cours de ses pensées. Il s'arrêta et parut méditer un instant. Champollion, qui semblait l'examiner avec soin, rompit le premier ce silence.

— La volonté de Dieu se fera, dit-il.

— Je vous parle ici à cœur ouvert, messire, reprit Alberto en jetant un regard perçant à

Champollion, qui s'inclina humblement en baissant les yeux. — Je vous parle comme à un fidèle serviteur de l'unité catholique.

— Il n'est rien que je ne fasse pour le salut de mes frères, repartit Champollion avec fermeté; il n'est point de danger que je ne brave.

— Je le sais, messire, et je vous en félicite. Vous devez penser qu'en de telles circonstances j'ai besoin de renseignemens précis sur les peuplades hérétiques. C'est notre devoir, messire, d'épargner le plus possible le sang des loyaux serviteurs de l'Église. — Et il croisa ses bras sur sa poitrine. — Nous devons donc user de toutes les voies que la Providence nous ménage pour triompher de Satan. Votre zèle et vos lumières peuvent me servir dans cette tâche difficile, messire de Champollion. — Vous venez de parcourir les vallées?

— Oui, monseigneur. Né au pied des montagnes, accoutumé à voir les fils de Valdo depuis mon enfance, je possède comme eux leur langue et leurs usages..... En Dauphiné, je suis Vaudois, aussi bien qu'ici je suis catholique. — Une expression indéfinissable accompagna ces paroles. — Le but que je me propose, continua-t-il en s'inclinant avec humilité, doit sanctifier ce mensonge, et mon zèle même pour le vicaire de Jésus-Christ me commandait cette feinte apostasie.

Alberto de Capitanéis baissa la tête en signe d'assentiment.

— Quelles sont les forces des hérétiques? répliqua-t-il un peu brusquement.

— Tout montagnard est soldat. Les vallées d'Angrogna peuvent au premier son du cornet mettre six mille hommes sur pied.

— Six mille hommes! s'écria le grand-inquisiteur, — les seules vallées d'Angrogna!

— Six mille hommes, reprit froidement Champollion.

Alberto écrivit quelques mots sur un papier.

— Leurs chefs?

— Le Maïor général de cette année s'appelle Antony Vincens. C'est un vieillard d'un grand savoir et d'un courage indomptable. — Je vous demande pardon, monseigneur, d'employer de telles expressions en parlant d'hommes que l'Église condamne, mais...

— Bien! bien! interrompit le grand-inquisiteur en souriant. — Nous parlons en particulier, messire de Champollion, et, je vous le répète, à cœur ouvert.

— Ensuite ?

— Martin Gonino, Maïor de Pragela, homme plein de dévouement et de zèle, mais inférieur à Vincens. Son fils Raymond, d'une intrépidité à toute épreuve, généreux, confiant, est, malgré sa jeunesse, le bras du conseil dont son père est la tête.

Alberto continuait d'écrire.

—Thomassino Laürenti, Régidor de Lucerna, vieillard illettré, mais d'une grande énergie, et de son temps l'un des plus intrépides guerriers des montagnes. — Peyre, fils de ce Maïor de Pérosa que vous avez fait brûler sur la place d'Aoste, jeune homme ambitieux, plein d'audace et de ruse...

Alberto fronça les sourcils, et laissa tomber la plume.

— Voilà qui ne vaut rien, messire ! s'écria-t-il.

— J'ai encore de plus mauvaises paroles à dire, monseigneur. Martin de Pragela est venu en Angrogna avec son fils Raymond pour concerter avec Antony Vincens une réunion des forces militaires de toutes les vallées, et alors les fils de Valdo compteront sous leurs drapeaux.... plus de vingt mille guerriers dévoués.

— Mais alors, s'écria le grand-inquisiteur, c'est une guerre, une véritable guerre! Il nous faudrait une croisade!.... Vous êtes certain de ce que vous avancez, messire!

Champollion s'inclina.

Alberto se leva et fit quelques tours dans le cabinet, en réfléchissant profondément. Il s'arrêta enfin devant Champollion; son visage était calme et froid.

— Messire, il y a toujours deux côtés dans une question; vous m'avez dit la force des hérétiques; maintenant, dites-moi leur faiblesse.

Champollion parut hésiter; Alberto s'en aperçut, et crut en deviner la cause.

— Je n'ai peut-être pas parlé assez clairement, messire. Je vais vous expliquer toute ma pensée. Autant la chaire de vérité l'emporte sur la chaire de mensonge, autant il faut que l'Église montre d'adresse et de prévoyance dans sa lutte contre ses nombreux ennemis. La force n'est forte, messire, que par le calcul de son emploi. L'Église, cette arche sainte des destinées humaines, qui porte dans son unité l'avenir des peuples chrétiens, demande pour la conduire au milieu des écueils un pilote aussi habile que vigoureux. Il y a plus de mérite souvent à éviter l'obstacle qu'à le franchir.—Vous connaissez sans doute ce passage d'un poète profane, mais qu'il nous est permis de citer puisque l'Esprit-Saint lui a fait part, ainsi qu'à la chaste Sibylle, de ses divines révélations sur le Messie.

Dolus an virtus quis in hoste requirat?

Quel dol honorable et saint pouvons-nous employer contre l'exécrable hérésie?

Champollion parut éprouver quelque embarras.

— Ce n'est pas à moi, monseigneur... il ne m'appartient pas de vous donner des conseils, ni de régler votre conduite.

— Mais... ce sont des renseignemens que je vous demande! repartit Alberto avec un léger mouvement d'impatience. Vous connaissez les vallées, indiquez-moi leurs points vulnérables.

— Ce ne seraient encore que des conjectures, monseigneur, répondit Champollion avec intention, des conjectures qui me sont toutes personnelles... et, ajouta-t-il d'un ton ferme, je puis seul achever ce que j'ai seul commencé.

— A Dieu ne plaise, messire, que je veuille vous priver de la gloire qui vous attend à servir l'Église! Notre saint père connaît les services que vous nous rendez, comme il connaîtra ceux que vous nous rendrez encore. C'est sur vous surtout, messire, que nous nous reposons pour réaliser notre pénible entreprise. Mais, vous l'avez vu, continua l'inquisiteur d'un ton insinuant et familier, je vous ai dévoilé toute ma pensée; il me semble que vous devriez au moins me rendre la pareille, et me communiquer vos projets; je pourrais vous fournir les moyens d'en hâter l'exécution. — Vous nous êtes trop utile, messire, ajouta-t-il en posant sa main sur son bras, pour que vous nous laissiez ignorer vos démarches; il faut que nous puissions vous secourir à chaque instant.

— Je vous dirai, monseigneur, puisque vous le désirez, que l'espérance de succès pour l'Église repose sur ses deux plus terribles ennemis, sur Peyre de Pérosa, et le jeune Raymond.

— Comment?

— Peyre était chef des Jouvenceaux; il espérait, à l'aide de cette dignité passagère, mais redoutable dans ses mains, réunir sous ses lois toutes les vallées, et former ainsi de ces peuplades divisées une nation puissante, et, je dois le dire, son projet est presque accompli. Vous auriez à combattre une seule armée sous un seul chef.

— Eh bien? dit Alberto avec inquiétude.

— Raymond de Pragela est venu; beau, jeune, hardi, confiant, il a séduit une partie de la jeunesse, et dès-lors la nation, partagée en deux corps, hésite entre les deux chefs. Si elle reste divisée, l'Église triomphe; si elle en suit un seul, quel qu'il soit, la fortune sera douteuse. Je connais les intentions de Peyre. J'attends Raymond à son retour de Pragela; je le verrai, je capterai son amitié si je puis, et si je réussis dans mes projets, je tiendrai entre mes mains le sort des vallées.

Il se tut. Alberto l'avait écouté avec attention.

— C'est bien, messire, dit-il froidement, nous attendrons l'effet de vos démarches. Je compte sur votre zèle. De votre côté vous pouvez compter sur moi. Continuez. Je vais à Pignerol; là, je vous reverrai sans doute. Continuez, et soyez assuré de notre reconnaissance!

Il lui fit un geste d'adieu. Champollion se

leva, s'inclina respectueusement et sortit. Il semblait, quand il eut franchi le seuil, content de lui-même. Il sourit en regardant autour de lui sans lever les yeux, secoua la tête avec un léger mouvement ironique, et pressa le pas.

Alberto Capitanéis se rejeta au contraire sur son fauteuil d'un air mécontent, parcourut encore des yeux les notes qu'il avait recueillies, secoua la tête, murmura quelques mots de dépit en regardant la place où s'était assis Champollion, et sonna tout à coup violemment de la sonnette d'argent placée devant lui.

Un moine parut.

— Appelez le père abbé! dit brusquement Alberto, je veux lui parler avant mon départ.

II.

La Taverne de la Sainte-Croix.

—

Un cri universel avait salué la mission d'Alberto de Capitanéis, cri d'indignation dans les montagnes, cri d'allégresse dans la plaine. Toutes les villes, tous les hameaux catholiques, depuis Suze jusqu'à Fenestrelles, depuis Fenestrelles jusqu'à Pignerol, tressaillirent de joie. Ces fanatiques ennemis des Vaudois, d'autant plus acharnés qu'ils étaient plus voisins, qui tout à l'heure encore venaient de désoler Pragela, espéraient assouvir enfin leur irréconciliable haine, et portaient déjà en idée le fer et le feu au fond des montagnes hérétiques sous les drapeaux bénis par le pape.

C'était à Fenestrelles que devait se passer la première scène de ce drame dont le dénouement était la destruction de tout un peuple. Petit incident qui devait conduire à de si terribles conséquences.

Le 14 janvier de l'an de notre Seigneur 1488, il y avait foule dans la grande salle de la taverne de la Sainte-Croix, une des tavernes les mieux achalandées de cette ville, située à l'extrémité du faubourg, sur la route; là s'arrêtaient tous les voyageurs qui se rendaient aux montagnes ou en descendaient, qui venaient de France ou y retournaient. Et en ce moment d'agitation et d'attente, c'était pis que jamais.

La foule qui remplissait la grande salle se trouvait divisée en divers groupes; près de la porte, divers individus réunis autour d'une espèce de légiste vêtu de velours noir, au ton déclamatoire et à la tournure empesée, discouraient des affaires publiques; au milieu, étaient assis deux soudards dont la physionomie et le costume trahissaient la vie aventureuse et désordonnée de condottieri. L'un d'eux, le capitaine Sacquet, à cheval sur un escabeau, les jambes étendues, jouait aux dés avec le capitaine Claude Jehan Chantepleure, aventurier français au service du prince de Piémont, et auquel sa rouge moustache, son chapeau empanaché, et sa soubreveste, jadis ornée de broderies d'argent, mais maintenant montrant la corde, donnaient l'air d'un véritable *ribleur*.

Non loin de ces deux bruyans personnages, deux étrangers, un vieillard et un jeune homme, s'étaient placés à une table pour y prendre le repos et la nourriture dont ils paraissaient avoir grand besoin. Le vieillard semblait surtout accablé de fatigue, et sur sa figure belle et grave on pouvait remarquer une expression de malaise et de défiance. Sa longue robe brune garnie de fourrure, son chaperon noir de drap fin et d'une forme antique mais distinguée, contrastaient singulièrement avec sa chaussure, espèce de houzeaulx grossiers, entièrement découverts sur le pied, et rattachés par de nombreuses courroies. Son jeune compagnon était d'une stature élevée et d'une figure gracieuse. Ses vêtemens serrés dessinaient avec avantage les formes élégantes de sa taille robuste et bien prise. Une légère toque avec une longue plume rouge, un riche pourpoint de drap de Lodève à manches pendantes, une large dague à brillante poignée retenue au dessus de ses hanches par un ceinturon richement brodé, complétaient son costume. Tout en ce jeune homme respirait le damoiseau de noble race, plein de fierté et de courage ; nonchalamment appuyé contre la table où il avait déposé son léger paquet de voyage, il jetait de temps à autre un regard d'insouciance et presque de hauteur sur l'assemblée.

Telle était la taverne de la Sainte-Croix, lorsque messire de Champollion parut sur le seuil.

Il circula pendant quelque temps d'un air distrait au milieu de la foule ; mais bientôt les deux étrangers parurent exciter vivement son attention. Après les avoir examinés de la tête aux pieds, il alla se placer derrière eux à quelque distance, et là, silencieusement appuyé contre un des piliers de mélèze sculpté qui soutenaient la toiture, sa figure étrange, que nous n'avons pas encore fait connaître, contrastait fortement avec le reste de l'assemblée. Sa taille était haute et maigre, ses membres osseux et robustes, son nez long et mince, ses sourcils épais, ses joues creuses et pâles. Enveloppé de son long manteau noir comme d'un linceul, les bras croisés et la tête immobile, il promenait lentement sur la foule son regard fixe, dédaigneux et distrait. Il est difficile de rendre cette expression d'impassible froideur et d'observation insultante répandue sur toute sa contenance. C'était un de ces hommes dont l'aspect déplaît, répugne, irrite, on ne sait pourquoi.

Aussi le capitaine Claude Jehan Chantepleure, placé en face de lui, et sur qui son regard semblait depuis long-tems fixé, se leva-t-il tout à coup avec un jurement épouvantable, et renversant d'un coup de pied l'escabelle qui lui servait de table de jeu :

— J'ai perdu, s'écria-t-il en jetant l'argent avec fureur; je renie, je renonce ! — Mais va, dit-il à Sacquet qui se moquait de lui, rends grâces à ce sorcier, que Dieu confonde! qui me jette un sort depuis une heure!

Et un geste énergique indiqua à l'assemblée, étonnée de cette incartade, messire de Champollion.

— Êtes-vous sûr, capitaine, lui demanda,

d'un ton grave et capable, le légiste il signor Castruccio, êtes-vous sûr que ce soit un sorcier? Je croirais plutôt que c'est un Vaudois.

— Eh! c'est tout un! répondit brusquement Chantepleure, demandez plutôt à cette grosse bedaine d'hôtelier.

— Il m'a payé! répondit le gros tavernier Michaële Truchi, en faisant une grimace qui fendit sa large bouche jusqu'aux oreilles.

Ce colloque fait à haute voix, et l'attention générale dont Champollion était l'objet, ne le déconcertèrent nullement; il resta immobile sans paraître s'en apercevoir.

— C'est peut-être un inquisiteur! dit à demi-voix un assistant.

— Peut-être! qu'en dites-vous, monsignor Lacalanza, dit Sacquet ironiquement, en frappant sur l'épaule d'un personnage à l'air faux qui portait un grand rosaire à la ceinture; vous devez vous y connaître.

Monsignor Lacalanza ne jugea pas à propos de répondre.

Pendant ces discours, Chantepleure s'était approché d'une table où il se versait force rasades :

— Vive Dieu! disait-il, perdre au jeu m'altère. Et il se mit à chanter à tue-tête :

> Homme mutin,
> Brusque roussin,
> Flacon de vin
> Prennent tôt fin.

—Cap-Dieu! avec ceci en main, continua-t-il en élevant le pot au dessus de sa tête, je défierais tous les sorciers de la terre!

— Même celui que tu vois là-bas? répondit Sacquet en riant.

— Parbleu, dit Chantepleure, il y a un moyen bien simple de savoir qui il est... C'est de le lui demander.

Et l'aventurier traversant toute la salle s'approcha de Champollion qui faisait semblant de ne pas le voir.

— Messire! dit-il d'une voix forte en le tirant par le manteau.

Champollion tourna lentement la tête, fixa sur lui son petit œil gris et perçant, et attendit le reste sans répondre.

— Messire, reprit Chantepleure sans se déconcerter, il y a là-bas des gens qui prétendent que vous êtes du Dauphiné?

— Cela est vrai, dit Champollion.

Un murmure désapprobateur circula dans la salle à cette parole.

— Joli pays! dit Chantepleure en avalant une gorgée, mais peuplé d'hérétiques!

— Qu'appelez-vous hérétiques? dit Champollion en posant la main sur la table où les deux étrangers achevaient leur repas, et en les mettant entre lui et Chantepleure.

Le jeune homme repoussa son plat et cessa de manger; le vieillard se leva pour compter avec l'hôte, mais celui-ci était tout entier à la querelle.

— Qu'est-ce qu'un hérétique! cria-t-il en se mêlant tout à coup à la conversation. Je le sais bien, moi, et je donnerais ma main gauche pour les voir tous flamber sur la grande place, ces infâmes Vaudois qui ne vont pas à la messe, qui vivent et meurent comme des chiens sans avoir reçu le baptême, qui estiment notre saint père le pape, que Dieu bénisse, comme Antechrist, et les honnêtes divertissemens de la taverne comme un péché damnable!

— Amen! cria Chantepleure avec un immense éclat de rire. Vive Dieu! si ton vin était aussi bon que tes propos, sire hôtelier, je n'aurais pas besoin d'en tant boire pour en être soûl; mais, je l'assure, il est aussi bon chrétien que toi et moi, baptisé dès sa naissance!

A ce propos l'hilarité fut générale.

—Maintenant, messire Dauphinois, reprit Chantepleure, vous devez être satisfait. Meurent les hérétiques!

—Et vive l'Église, cria Sacquet au milieu des applaudissemens de l'assemblée. Champollion et les deux étrangers restèrent muets.

—Oui-dà, j'en suis d'avis, reprit Chantepleure, dont la rouge face était encore enluminée par le vin, et je marcherais en croisade droit comme le chemin de Faye, ajouta-t-il en faisant un faux pas pour se rapprocher des étrangers, pourvu que j'aie à bien boire :

> Rouge le soir, blanc le matin,
> C'est le vrai lot du pélerin.

—Qu'en dites-vous, père barbe grise, en s'adressant au vieillard, et vous, père barbe noire, en s'adressant à Champollion, ne pensez-vous pas comme moi ?

—Vous pouvez le croire, dit Champollion.

— Il est facile de s'en assurer, reprit vivement Sacquet. Je bois une santé à la confusion des fils de Satan ! voyons qui me fera raison.

—Bravo! dit Chantepleure.

Champollion parut hésiter un moment.... — Comme vous voudrez, dit-il enfin froidement. Et s'approchant de la table, il prit un pot de vin qu'il éleva au dessus de sa tête : Vive l'Église des fidèles ! cria-t-il d'une voix sonore, et il avala quelques gorgées. Meurent les idolâtres ! ajouta-t-il d'une voix plus forte encore. Puis, reposant le vase sur la table au bruit des applaudissemens, il jeta un coup d'œil aux deux étrangers pour les inviter à faire comme lui.

Ils étaient restés silencieux; le jeune homme se balançait avec dédain sur son banc; le vieillard le regardait avec inquiétude, et se disposait à partir.

— Ils n'ont pas bu ! ils n'ont pas bu ! criait la foule.

—Holà, jeune homme! dit Sacquet d'un ton railleur, êtes-vous de trop bonne maison pour me faire raison à votre tour?

Le jeune homme se leva sans répondre, prit son hanap d'étain, et le remplit de vin.

— Enfin ! est-ce que le bétail vaudois s'amende ? continua Sacquet.

— Que dis-tu ? cria le jeune homme en frappant du pied, et prenant le hanap qu'il avait laissé sur la table : que dis-tu ?

— Je dis bétail vaudois, répéta Sacquet, se croisant les bras d'un air goguenard ; qui se sent morveux se mouche.

— Par la tête de mon père ! s'écria le jouvenceau, tu en as menti ! mâche et avale ! et il lui lança le hanap à la tête.

Sacquet furieux tira sa lame... mais le jouvenceau était déjà sur lui dague en main. Le soudard ne pouvant soutenir cette impétueuse attaque, recula de côté, et trébuchant dans un escabeau, tomba à la renverse. Chantepleure qui se trouvait entre deux, et dont la jambe avinée n'était pas bien sûre, roula sur lui en voulant le protéger, et l'empêcha de se relever. Truchi, les bras au ciel, criait comme un possédé ; les assistans se heurtaient et trépignaient, les uns s'avançant pour séparer les combattans, les autres cherchant à fuir devant la dague du Vaudois qui flamboyait et tournait au dessus de sa tête. — C'était une confusion et un tumulte effroyables. Champollion, qui seul conservait son sang-froid, se jeta sur le jeune homme, et le tira hors de l'hôtellerie.

— Sauvons-nous, Barba, dit-il au vieillard, sauvons-nous. — Et il les entraîna sur la route, tandis que les deux capitaines, à peine remis de leur mésaventure, et s'avançant pesamment sur le seuil, se répandaient de loin en vaines menaces.

III.

Une Course dans les Montagnes.

—

Les trois voyageurs marchèrent d'abord rapidement et en silence, sans tourner la tête. Mais lorsqu'ils se virent seuls et parvenus sans danger sur la route qui conduit aux montagnes, leur pas se ralentit, et ils jetèrent autour d'eux un regard de satisfaction.

— Puisse la colère de Dieu écraser la ville des idolâtres! s'écria alors Champollion en se tournant vers Fenestrelles avec un geste de menace.

— Il faut qu'il ait le cœur bien pur, répondit le vieillard d'une voix grave et solennelle, celui qui ose maudire ses frères égarés, et qui invoque la colère du Seigneur !

— Barba, reprit Champollion, celui qui frappe par le fer, doit périr par le fer. Or, j'ai vu le martyre des justes ; je suis encore couvert du sang des fidèles égorgés à côté de moi ; et je prie la justice d'en haut de briser les dents dévorantes de l'Antéchrist.

Le vieillard jetait encore sur lui un regard de méfiance.

— Celui qui peut assister aux pompes de l'idolâtrie, mêler sa voix aux cris de l'impie et porter à ses lèvres la coupe de ses festins, n'est pas le frère des justes et des martyrs.

— Et moi je dirai, repartit Champollion avec l'accent d'une douloureuse résignation, heureux le fidèle qui n'a jamais vu les pompes de l'idolâtrie ! qui, tranquille au sein de ses montagnes, a pu professer ouvertement le culte de ses pères, sans que la crainte du bûcher ait intimidé son âme, sans que la main du bourreau lui ait fermé la bouche ! Né au milieu des loups dévorans de l'inquisition, ô mon père, j'ai cependant cherché la vérité. Mais, la trouvant nue et sans défense, exposée aux coups et aux offenses de l'idolâtre, je l'ai cachée quelquefois sous mon manteau, pour la montrer souvent pure et brillante à mes frères dans l'affliction. Mais, je te le dis, jamais ma bouche n'a proféré le mensonge! Barba, quand j'ai crié : Vive l'Église! j'entendais l'Église des frères, l'Église des martyrs et non celle des bourreaux; et quand j'ai crié : Meure l'idolâtre! oh! alors, c'était la vérité tout entière sortant de ma bouche, et invoquant la justice au milieu de l'erreur et du crime.

A cette parole, l'impétueux jeune homme ne put retenir son indignation :

— Arrière! s'écria-t-il avec le geste du plus profond mépris, celui dont la parole est double, et dont la bouche renferme deux langues!

Champollion s'arrêta brusquement.

— Jeune homme, dit-il avec autorité, quel est ton âge?

— J'ai vingt-trois ans, répondit-il après un moment de surprise et d'hésitation.

— Regarde, reprit alors Champollion en découvrant sa tête avec dignité; regarde ces cheveux gris. Depuis quand les jeunes gens de la vallée de Pragela ont-ils le droit de juger les vieillards?

Le jouvenceau, confus, rougit et baissa la tête.

— Quand j'écoutais ton père avec respect, c'est qu'il est le mien comme Barba, et mon juge comme Maïor. J'étais prêt à me soumettre à sa censure..... mais la tienne ?.... enfant! que sais-tu, qu'as-tu vu? Quand tu auras, comme moi, vécu cinquante ans sur la terre de l'idolâtre, bravant à chaque pas les horreurs de la torture et du bûcher, quand tu auras consolé les martyrs, et recueilli leurs dernières paroles avec leurs dernières gouttes de sang, oh! alors, tu pourras m'accuser de faiblesse, si tu as montré plus de courage que moi.

Il y eut un moment de silence.

— Père, dit le jeune homme d'un ton soumis, en ôtant sa toque, je t'ai offensé, j'ai eu tort, et je te demande pardon.

— Bien, Raymond, bien! dit Champollion en lui posant la main sur l'épaule; tes dernières paroles me plaisent plus que les premières ne m'avaient blessé.

Raymond tressaillit, et regardant Champollion avec surprise :

— D'où sais-tu mon nom, étranger ?

Champollion se retourna sans répondre du côté du vieillard.

— Maïor de Pragela, lui dit-il, tu dois être fier de ton fils.

— D'où me connais-tu? répondit le Maïor avec émotion.

— Martin, lui dit Champollion en pressant sa main, je t'ai vu pour la première fois chez notre frère Jehan Giraud, le consul de Fraissinières; né dans la vallée de Queyras, j'ai parcouru depuis toutes les montagnes, toutes les terres de l'infidèle, répandant partout la parole de Dieu; mais je n'ai pas reçu de caractère sacré; et si quelquefois, pour sauver mes jours, et ne pas blesser les yeux farouches de l'idolâtre, j'ai caché la lumière sous mon manteau, c'est que tous les hommes n'ont pas la même part aux faveurs d'en haut, c'est que tous n'ont pas la force de courir au martyre. Dieu qui me voit, ajouta-t-il avec componction et levant les mains au ciel, me pardonnera sans doute les déguisemens que je dois prendre pour le servir!

Il y avait dans ces paroles un accent de vérité qui toucha Martin.

— Frère! lui dit-il, Dieu est juste; il sonde

le cœur et les reins ; à chacun selon ses œuvres.

Champollion croisa humblement les bras sur sa poitrine ; et ils continuèrent leur route en silence. Raymond suivait, à quelques pas, s'abandonnant à son cœur confiant, et jetant maintenant un regard de curiosité et presque de respect sur son compagnon.

Champollion s'en aperçut, et s'adressant au jouvenceau avec un ton de cordiale affection :

— Je ne sais si je suis entièrement réconcilié avec mon jeune frère... Mon costume lui déplaît, j'en suis sûr, et je vois à ses regards qu'il me reproche surtout d'avoir abandonné la chaussure vaudoise.

— Cela est vrai, dit Raymond naïvement, en jetant un regard sur ses légères sandales, et sur les houseaulx de voyage de Champollion.

— Ecoute, Raymond, répondit-il, j'étais plus jeune que toi, quand j'abandonnai le val pour aller visiter nos frères qui sont dans l'affliction. Je partis seul et à pied. Je parcourus la Provence ; les terres neuves habitées par nos frères de Barcelonnette et de Josiers. Je passai dans Avignon en secouant la poussière de mes pieds qui foulaient la terre de l'Anté:

christ, et puis j'allai m'asseoir sur les ruines de Béziers et de Lavaur, où fume encore, après tant d'années, le sang des saints. Alors la pierre des chemins avait usé mes sandales. J'empruntai la chaussure de nos frères d'Albi, et j'allai à Lyon saluer le berceau de Valdo. Je me dirigeai vers le nord, et sous le ciel brumeux de l'Artois, je vis les fidèles d'Arras harcelés, torturés par l'idolâtre. Je portai au pied de leurs bûchers les paroles d'adieu de leurs frères du midi. Plus loin encore, je pénétrai jusqu'aux bords de l'Océan irrité, et dans ces forêts où, chassés des villes et des campagnes, nos frères malheureux errent avec les loups, dont l'idolâtre leur a donné le nom (1) en se riant de leur peine. Là, je m'assis, le cœur navré de douleur, les os brisés de fatigue, les pieds nus et déchirés des ronces. Je les entortillai comme eux de l'écorce des arbres, et je partis en leur souhaitant des jours meilleurs. Je traversai l'Allemagne; partout je trouvai des frères que j'assistai de mes conseils et de mes secours dans la persécution. J'al-

---

(1) Turlupins. C'est ainsi qu'on appelait les Vaudois de Belgique et de Hollande.

lai à Rome; là je vis l'Antéchrist sur son trône, et je le bravai jusque dans son Vatican. Echappé au martyre, j'ai pris, pour fuir les bourreaux, les houseaulx de l'infidèle, et je rentre dans nos vallées, prêt à accomplir les desseins que la Providence peut avoir mis en moi. A ma place, Raymond, aurais-tu encore à tes pieds la sandale des montagnards?

— Oh non! dit le jeune homme avec respect.

— Eh bien! à mon tour, d'où te vient ce drap soyeux que tu portes? Est-ce au val qu'on le fabrique?

— Il vient de Lodève, répondit Raymond en baissant la tête avec un peu de confusion.

— Bien. Et cette dague?

— Oh! elle est de Castille! elle était aux mains d'un fidèle, m'a-t-on dit, au siége de Béziers, et à la bataille de Muret.

— Bien. Et tous les fidèles du val sont-ils vêtus comme toi?

— Oh non!

— Eh bien! ne blâme donc pas ma chaussure, si tu ne veux pas que je blâme ton pourpoint. Ton costume est encore plus étrange peut-être, pour un Vaudois, que le mien.

Raymond confondu baissa la tête sans répondre.

— Que cela ne nous empêche pas d'être amis, dit Champollion en lui prenant la main. Ton cœur est bon, Raymond, si ta tête est un peu légère, et je serai fier d'avoir ta confiance autant que tu as la mienne.

Raymond s'inclina avec respect, et la route se poursuivit en silence.

Le pays devenait de plus en plus rude et sauvage. La route, qui n'était plus alors qu'un sentier à peine dessiné sur la pierre, tournait et s'enfonçait entre les rochers et les précipices. On ne voyait plus trace de l'industrie humaine; c'était une solitude vide et grande, solitude des montagnes, mille fois plus imposante que celle de la plaine. Là, l'homme, écrasé par les masses inertes et colossales qui l'entourent, perdu dans ce calme profond et lugubre de la nature muette, ne trouve plus de mouvement et de vie que dans son cœur.

Après quelques instans de repos, ils continuèrent leur route.

Il fallait l'habitude du montagnard pour se reconnaître dans ce dédale sauvage où le chemin frayé s'était perdu, pour retrouver la trace effacée au milieu de cet amas immense et confus de pierres accumulées, de rochers stériles, de buissons sauvages, d'arbres aux formes bizarres, étendant leurs bras séculaires et leur triste feuillage au dessus du précipice. L'œil inexpérimenté se serait égaré au milieu de ces forêts, de ces rocs aigus, de ces pics ardus et chargés de neige qui semblent tourner autour de vous et vous suivre, qu'en vain vous voulez éviter, et qui reviennent sans cesse se placer devant vous avec leur diadème de nuages. Désert effrayant et triste, parce que l'homme s'y sent toujours petit et faible, parce qu'il se voit entouré de dangers inconnus, parce que le ciel lui manque, et qu'il n'est plus pour lui d'issue ni d'horizon.

Le jour baissait, et la nuit commençait à tomber. Bientôt il eût été imprudent d'avancer au milieu des ténèbres. Les voyageurs s'arrêtèrent.

— La lune ne montera que tard sur la montagne, dit Martin. Nous pourrons l'attendre ici.

Et ils se retirèrent dans le creux d'un rocher qui se courbait sur leurs têtes.

— Ici sera notre gîte pour la nuit, dit

Champollion. Un bon somme sur ce lit de mousse nous fera du bien. Qu'en dis-tu, Barba?

— L'homme prend le sommeil quand Dieu l'envoie.

— Eh bien, Barba, la prière!

Tous trois se découvrirent, et Martin, les mains et les yeux au ciel, prononça quelques phrases courtes, mais expressives, et pleines de cette piété simple et touchante qui seule était en harmonie avec la majestueuse tristesse du désert.

Raymond veillait seul sur le chemin. Bientôt le sommeil amené par la fatigue s'empara du Maïor. Champollion se leva, et alla trouver le jeune homme qui, debout et les bras croisés, était appuyé contre le rocher sur le bord du précipice.

— Le sommeil me fuit, frère, lui dit-il. Je viens veiller avec toi.

— La route sera cependant longue et pénible demain.

— Je connais la fatigue, répondit Champollion en souriant, et je la brave. Demain, je me rendrai à Pérosa... chez Peyre.

— Peyre!.. tu le connais?

—Non... Mais j'ai quelque chose à lui dire. N'est-il pas chef à Pérosa ?

— Oui, dit Raymond avec indifférence.

— Et dans Angrogna ?

— Il ne l'est plus !

— Ah..... je le croyais pourtant..... car, n'a-t-il pas sauvé les jours d'Antony Vincens ?

— Oui, répondit Raymond avec chaleur ; qui n'en aurait pas fait autant à sa place ?

— Mais... ne doit-il pas épouser sa fille ?

Raymond tressaillit.

— Cela est vrai, dit-il d'une voix altérée, après un instant d'hésitation et de silence.

—Oh ! alors, reprit Champollion qui l'étudiait avec soin, personne ne pourra lui résister dans les vallées ! chacun devra lui obéir !

— Je ne crois pas, répondit Raymond d'un ton ferme.

— Il l'espère du moins !

— Il se trompe.

Il y eut un moment de silence.

— Je croyais même, reprit Champollion, que les vallées d'au-delà les Alpes devaient se réunir à celles d'Angrogna, et que Peyre serait nommé chef suprême des Jouvenceaux ?

Raymond haussa les épaules avec un sourire ironique.

— Les vallées se réuniront,.. et il n'y aura pas de chef suprême, parce que plusieurs pourraient vouloir être nommés, et qu'un seul ne pourrait pas l'être.

— Mais si Raymond de Pragela l'était? répliqua Champollion en fixant sur lui son regard perçant.

— Raymond de Pragela ne le sera pas, répondit le jeune homme avec calme. D'abord, parce qu'il ne le pourrait pas; ensuite, parce qu'il ne le voudrait pas.

Il y eut un moment de silence.

— Vous êtes de Pragela, demanda Champollion avec une apparente insouciance, comment se fait-il que vous habitiez Angrogna?

— Les idolâtres ont fait une invasion dans le val; ils ont pillé nos demeures, massacré ma famille; je me suis sauvé presque seul, arrachant mon père des mains sanglantes des inquisiteurs; pauvres, menacés, nous sommes venus chercher ici une seconde patrie. Car la patrie du Barba est partout où il y a des frères.

— Mais, vous venez de Pragela? Vous y êtes

donc retournés? et comment êtes-vous descendus dans la plaine? Le chemin des montagnes aurait été pour vous et plus commode et plus sûr.

— Les soudards occupaient les cols des vallées, et ma bonne lame m'a fait un chemin par ici, répondit Raymond froidement.

— C'était dangereux.

— L'idolâtre de la plaine lâche le pied, dit Raymond avec un geste et un sourire de dédain, quand il voit la plume rouge de Pragela sur le rocher.

— Quelle joie ce sera aux fidèles d'Angrogna quand de si braves guerriers se réuniront à eux! Viendront-ils enfin?

— Sans doute! répondit le jeune homme avec chaleur; le Maïor le leur a dit!... et ils viendront, lorsque la neige sera fondue sur la montagne de l'Albergam.

— Dieu soit béni!—Et alors, Raymond, fils de Martin, ne sera-t-il pas leur chef?

— Cela peut être, répondit-il en relevant la tête avec un sentiment de fierté.

—Et alors, si Pragela et les vallées de France avaient choisi Raymond pour chef; — si les vallées d'Angrogna, si les vallées de Lucerna avaient choisi Raymond; — si alors la bannière du Sang des martyrs, et celle du Buisson ardent, et celle du Flambeau de la vérité ne se déployaient qu'à sa voix, Antony lui refuserait-il sa fille?

L'œil du jouvenceau brilla d'un feu extraordinaire.—Puis il baissa la tête.

— La volonté d'Antony se fera, dit-il.

— Au moins, si les conseils d'un ami pouvaient....

Raymond l'interrompit en posant la main sur la sienne.

—La volonté d'Antony est comme celle de Dieu; lui seul peut la changer.

— Il la changerait, si....

— Frère, interrompit Raymond avec sang-froid, parlons d'autre chose.

— Eh bien! écoute, mon jeune ami. La lune est encore loin de paraître, et tu dois être fatigué. La jeunesse a besoin de sommeil. Pour moi, je puis encore veiller une heure ou deux. Quand mes paupières s'appesantiront, j'irai te réveiller, et tu prendras ma place.

— La jeunesse doit savoir veiller, répondit Raymond.

—Voilà de l'enfantillage. Nous ne sommes pas en face de l'ennemi, et si un ours descend de la montagne, il suffit que deux yeux soient ouverts pour le voir. Va reposer, frère.

Raymond céda à ce conseil et s'étendit sur l'herbe. Ses yeux ne tardèrent pas à se fermer.
—Dès que Champollion le vit endormi, il tira de son sein une feuille de parchemin, y traça, à la clarté de la lune qui commençait à paraître, un dessin fidèle du chemin et des montagnes qu'il pouvait découvrir; puis il y ajouta, autant que sa mémoire le lui permit, tous les détours, toutes les sinuosités de la route qu'ils avaient suivie depuis Fenestrelles, esquissant avec soin la forme des rochers et des arbres les plus remarquables devant lesquels ils avaient passé.— Quand il eut achevé, il se mit à genoux sur la pierre, récita à voix basse les prières du soir, telles que l'Église les prescrit aux fidèles, y ajouta les litanies de la Vierge et des Saints, qu'il entremêla de nombreux signes de croix. Puis il se leva. Il éveilla Raymond, et s'endormit à sa place.

Deux heures après, ils se remettaient en route.

Le soleil se levait, lorsqu'en sortant des gorges étroites où la route avait été jusque-là renfermée, ils s'arrêtèrent sur le flanc de la montagne. De là leur vue pouvait apervevoir les vallées d'Angrogna, à demi voilées encore par les vapeurs du matin, qui s'élevaient çà et là comme une blanche fumée le long des rochers hérissés de mélèzes. Devant eux, se déroulait sous leurs pieds une plaine entrecoupée de rochers, de riantes et pittoresques maisonnettes en bois sculpté, de bosquets touffus, de verts pâturages, et que bornait d'un côté l'impétueux torrent du Revangiero blanchi d'écume. Au-delà se dressait, sombre et menaçant, le roc della Torre, qui dominait tout le val; un étroit sentier serpentait comme une ligne blanche sur ses flancs noircis et couronnés de fortifications en ruines, ancien asile de tyrannie, détruit par les montagnards. Au fond, l'Angrogna rapide et brillant coulait au milieu des bois touffus de Senssomale, dont les rians bouquets gravissaient les hauteurs de Costa Rossina. Tout autour, s'élevait une majestueuse ceinture de monts chargés de neige, au milieu desquels surgissaient, comme autant de géans, la Valchera, l'Infernet, la Cella Veglia et le Vandalin, qui semblaient protéger de leurs masses colossales l'entrée de ce paradis.

— Voici le val d'Angrogna, dit Martin.

— Est-ce aussi le but de ta course, frère?

— Non, répondit Champollion. Je vais à Pérosa, porter au Maïor Peyre les derniers adieux de son père martyr.

— Eh bien, il te faut descendre dans la plaine à gauche; — va, et que le ciel te conduise!

Champollion s'inclina en lui serrant la main, et ils se séparèrent. Mais tandis que le Maïor et son fils descendaient vers la plaine, il s'arrêta, et abrité derrière un rocher, il dessina rapidement la route, les abords du val, la position des torrens et du roc della Torre; puis, souriant avec une satisfaction cruelle, il resserra avec soin son parchemin, jeta un nouveau regard sur ses deux compagnons de voyage qui disparaissaient sous un bois de mélèzes, secoua ironiquement la tête et partit.

Les Barbas d'Angrogna étaient assemblés lorsque les deux voyageurs arrivèrent. Antony Vincens, qui les présidait, se leva à l'approche de Martin et courut l'embrasser. C'était un homme d'une haute taille et d'une contenance majestueuse; son front élevé, son regard perçant imprimaient le respect, et sur toute sa physionomie se peignaient la sagesse et la fermeté plutôt que la douceur. — C'était une tête d'apôtre.

Raymond avait quitté son père avec respect, et mille cris de joie annoncèrent son arrivée parmi les Jouvenceaux.

IV.

La Montagne et la Plaine.

—

Il est vrai de dire que l'homme est partout le même, si l'on ne considère que cette ressemblance superficielle, apanage de l'espèce plutôt que des individus; ressemblance morale semblable à la ressemblance matérielle qui distingue dans tous les pays l'homme de la brute. Dans quelque lieu, sous quelque ciel qu'il soit né, l'âme de l'homme est en effet composée des mêmes facultés, comme son corps des mêmes membres. Mais, ainsi que le corps, l'âme a sa physionomie. Par je ne sais quelle loi indéfinissable de la nature, elle se modifie selon ce qui l'entoure, elle reflète jusqu'à un certain point le ciel qui couvre l'être animé par elle, le climat qui l'échauffe, le sol qui le nourrit. Dans chaque lieu, dans chaque nation, les âmes, comme le visage, ont une ressemblance de famille.

Dans le monde tel qu'il est aujourd'hui, la civilisation a tout mêlé, tout confondu. C'est à peine si l'on peut encore distinguer les grandes masses humaines, séparer l'Anglais de l'Allemand, l'Allemand du Français. En notre France, ces individualités de province, si vivement tranchées naguère encore, ont disparu. Où retrouver les types joyeux du Gascon, du Normand d'autrefois? Le visage, l'habit, le caractère, tout perd à la fois sa tournure originale pour revêtir cet uniforme de convention que la centralisation répand sur tous les points du territoire.

Mais s'il est des contrées qui aient conservé long-temps leur empreinte native, ce sont sans contredit celles de montagnes. Là, de tout temps, les nuances ont été plus vives, les individualités plus arrêtées. Il semble que cette nature si grande et si bizarre, si riche en contrastes inattendus, agisse fortement sur les êtres qui l'habitent, et les façonne pour ainsi dire à son image. Autant les pics aériens de la montagne diffèrent de la surface unie de la plaine, autant le montagnard s'éloigne du paysan agriculteur. Et dans l'intérieur des chaînes, vous voyez changer à chaque pas autour de vous, en même temps que les sites brusques et variés de ces lieux pittoresques, les mœurs et le caractère de leurs habitans. Chaque précipice est la limite d'un peuple, chaque ravin est un abîme qui divise aussi bien l'âme que les possessions de ses riverains.

Bien qu'ils fussent unis par tant de liens, bien qu'une communauté immémoriale et constante de lois, de langage, d'intérêts, eût sans cesse resserré leur alliance, cependant de profondes divisions existaient parmi les Vaudois des Alpes. La longue intimité des différentes peuplades n'avait fait naître entre elles aucune sympathie ; et même, malgré le besoin toujours croissant d'un mutuel appui, plusieurs étaient éloignées l'une de l'autre par des dissentimens profonds, qui, ignorés ou endormis pendant la longue quiétude des siècles de paix, n'attendaient que le moment du danger pour éclater au grand jour. Parmi tous les périls que courait la confédération vaudoise, celui-là était le plus grand.

Et le mal était sans remède. Les lois les plus sages, les combinaisons de gouvernement les plus prudentes, les plus énergiques, les plus paternelles, ne pouvaient rien contre cette répugnance instinctive, contre ces antipathies innées, contre cette rupture sans cesse imminente entre des populations dont les intérêts pouvaient encore être communs, mais dont la pensée ne l'était plus.

Nulle part cette division n'existait dans les vallées vaudoises plus profonde et plus évidente qu'entre les vallées d'Angrogna et celles de Pérosa. Les deux territoires étaient contigus; mais on eût dit qu'un abîme infranchissable en séparait les habitans.

Les circonstances extérieures étaient venues encore envenimer ces dissentimens naturels, et ajouter des traits plus sombres à l'empreinte originelle qui séparait les deux peuplades. Tandis que le montagnard d'Angrogna vivait libre et sans crainte derrière ses remparts de granit, l'habitant de Pérosa, placé sur le versant de la montagne aux extrémités de la confédération, et sans cesse en contact avec les populations catholiques, avait connu de bonne heure la persécution et la guerre. Le peuple d'Angrogna avait donc pu conserver intactes ses vertus natives, ses mœurs hospitalières, sa bonne foi, sa simplicité patriarcale, tandis que celui de Pérosa n'avait pu que s'altérer et se corrompre. Le Vaudois des vallées italiennes n'était plus le Vaudois de la montagne.

Dans cet état de lutte perpétuelle, ouverte ou cachée, qui faisait l'existence des Vaudois de la frontière, toute franchise, toute générosité avait dû disparaître. La prudence était devenue de la dissimulation, le courage de la cruauté, l'adresse de la fausseté et de la fourberie. Persécutés, ils seraient volontiers devenus persécuteurs à leur tour. Sombres, haineux, vindicatifs, ils avaient su se faire redouter de leurs ennemis, mais non se faire aimer de leurs frères.

Il ne faut donc pas s'attendre, en parcourant l'histoire des Vaudois, à ne rencontrer qu'un édifiant tableau de vertus et de douceur, et croire qu'on n'aura jamais que des larmes pour eux, que des malédictions pour leurs ennemis.

La naïveté et l'innocence du peuple primitif avaient déjà subi de rudes atteintes; et si l'on doit toujours s'intéresser à eux et les plaindre, c'est qu'ils étaient les plus faibles et qu'ils furent injustement opprimés.

Nous allons chercher à les connaître encore mieux, et pénétrer dans le secret de leur demeure, soit dans la montagne, soit dans la plaine.

V.

La Chambrette.

Il était dans la Casa, demeure d'Antony Vincens, une jolie chambrette, plus jolie encore le matin du premier jour d'avril. Le soleil, dont les rayons commençaient à frapper obliquement les longues ogives des deux étroites fenêtres, étendait sur le plancher en longues ellipses vaporeuses les brillantes couleurs de l'azur, de l'orangé, de l'amaranthe, dont étaient peints les vitraux, et jetait sur chaque objet ce jour doux et velouté qui invite à la méditation. Or, c'était la chambrette de Marya, de la fille du Maïor, et sans contredit la plus riche et la plus jolie chambrette de damoiselle en tout Angrogna.

L'ameublement en était curieux, et mérite d'être connu. On y voyait ce luxe particulier à cette époque, mais qui, là surtout, déployait toute sa magnificence. Chacun sait combien la main du pâtre, exercée pendant les longues heures de son oisiveté, devient habile et légère à la ciselure. Aussi on n'aurait pu trouver dans cette salle un seul pouce de bois que la patience de l'ouvrier n'eût orné de sculptures. Les soliveaux qui soutenaient le plafond s'étaient transformés en autant de guirlandes de fleurs et de fruits, où s'étaient réfugiés de petits oiseaux à demi cachés et s'entrebecquetant sous la feuillée. Au milieu pendait à une longue chaîne une lampe en fer brillant et poli. Aux quatre coins s'élevaient quatre colonnettes d'une forme élégante, sculptées à jour, et chargées d'embaumantes fleurs.

Les murs étaient couverts d'une tenture bleue rehaussée de larges et bizarres broderies noires. A droite, près du manteau de la haute cheminée, se trouvait une grande et belle chaise à deux accoudoirs, ronde et profonde ; deux figures humaines, riantes et gracieuses, en soutenaient le dais. C'était le siége d'honneur. A côté était pendue une petite glace ronde à main, étonnante magnificence pour la vallée ! Le cadre était formé de délicates figures qui, tournant autour de la glace, semblaient sourire et s'y mirer.

A gauche, auprès de la fenêtre, on voyait un espace encore plus soigneusement orné. C'était le lieu des méditations dévotieuses et de la prière. Un rayon de soleil, traversant les vitraux, y peignait de couleurs aériennes le blanc vélin de la Bible. Le saint livre reposait, à côté du prie-dieu, sur une espèce de piédestal. Deux anges aux ailes étendues, au maintien respectueux, et qui semblaient l'adorer en se courbant, en étaient le support. Le long du mur, des mains sculptées en mélèze sortaient de la tenture. Elles retenaient quelques volumes à fermoirs d'acier, pendus par un anneau brillant de même métal. C'étaient les Sermons des Barbas, et le Traité de l'Antéchrist, en date de l'an mil cent vingt ; le Livre des Vertus ; le Traité contre la Danse ; le Vergier de conso ation ; le Livre de poésies vaudoises, contenant la Prière du nouvel confort, la Barque, et la Noble leçon. Rares et précieuses richesses.

Mais sans contredit dans cette chambrette rien de plus joli ne pouvait être vu que celle même qui l'habitait.

Marya était à genoux sur un escabeau, et gracieusement penchée sur la table, moitié à genoux, moitié étendue dans un mol abandon. Un voile léger retenu par un lacet d'or couvrait ses cheveux noirs. Sa robe blanche était assujettie à sa taille svelte par une ceinture de soie de diverses couleurs, et la gracieuse chaussure vaudoise serrait son joli pied.

Un profond silence régnait autour d'elle. La tenture de la porte se souleva.... et Raymond parut sur le seuil. Mais il paraissait indécis et n'osait entrer. Il n'avait été ni vu ni entendu. Il pouvait encore se retirer.

Depuis plus d'un an que Raymond habitait la Casa, il n'avait presque jamais vu Marya sans témoins; c'est à peine si quelques paroles, empreintes de cette affection naïve qui semblait unir tous les membres de la famille vaudoise, avaient été échangées entre eux, et déjà le cœur de Raymond s'était donné sans retour, mais aussi sans espérance. Il savait que Peyre avait sauvé les jours d'Antony, que la main de Marya lui avait été promise pour récompense, que déjà même elle était fiancée ; et dès ce moment il avait résolu de renfermer à jamais au fond de son cœur la vive mais chaste passion qui le dévorait. Il aurait voulu même que ses regards fussent muets ; et il ne désirait d'autre prix de son amour pour Marya que le bonheur même de l'aimer et de vivre pour elle sans le lui dire.

Entraîné cependant par cette attraction puissante et involontaire qui ramène sans cesse l'amant sur les traces de l'objet aimé, voilà qu'il venait trouver Marya jusque dans son secret asile ! il semblait être effrayé lui-même de sa témérité... A ce moment, il fit un léger bruit ; Marya se retourna vivement, et tous deux furent également déconcertés.

— Comment donc ! jeune homme, lui adressa la jouvencelle en souriant, est-ce là la politesse de France ? Vous surprenez ainsi les damoiselles à la dépourvue !

— Damoiselle, répondit Raymond en laissant tomber la tenture derrière lui, je te demande merci. Je suis venu, je te l'assure, sans dessein de te causer ennui. Je cherchais mon père.

— Mais tu ne devais pas penser que tu le trouverais ici.

Raymond crut entendre un reproche. Cependant la franchise et la gaîté animaient seules le visage de Marya, et il se rassura.

— Certes, damoiselle, j'ai seulement par erreur soulevé la tenture de ton asile, et pour mon imprudence, je te demande pardon.

— Je n'en suis nullement fâchée, répondit naïvement Marya; et pour te le prouver, je reprendrai mon ouvrage comme si j'étais seule.

Et elle se remit à son travail.

Il se fit un moment de silence. Oh! Raymond ne l'aurait point interrompu! il restait debout et immobile..... Il était si bien là; c'était si doux à voir, ce profil de jeune fille si pur, si calme, cette tête si gracieusement inclinée, ces cheveux noirs et brillans, ces longs cils qui rayonnaient sur ses joues si blanches et si roses! et cette taille si fine, ces moelleux contours qui ondulaient sous son blanc vêtement, ces joyeux reflets des vitraux qui l'entouraient de lumière, qui dessinaient les plis de sa robe, qui faisaient étinceler les anneaux de sa chaussure!

Il y a quelque chose dans la contemplation de l'objet aimé, qui remplit le cœur, qui le pénètre tout entier d'une joie intime et silencieuse; quelque chose qui tient au recueillement religieux, à l'extase que les bienheureux doivent éprouver dans le ciel!

— Beau jouvencel, lui dit enfin Marya en souriant, si je ne savais qui tu es, je te prendrais pour un fidèle de l'Eglise qui a fait vœu en grande dévotion à quelque soi-disant saint des idolâtres, de ne prendre siége qu'en sa couche.

— Grand merci, damoiselle, je n'aurais jamais osé m'asseoir près de toi sans ta permission.

Il jeta un coup d'œil sur la table, et crut reconnaître une espèce d'écharpe ou de baudrier qu'elle brodait.

— Je pense que ce n'est pas un ajustement de damoiselle, dit-il en y portant la main.

— Nenni-da, répondit Marya; aussi n'est-ce pas pour moi.

— Et pour qui?

La jouvencelle rougit et ne répondit rien. —

Ses yeux brillans se fixèrent sur son ouvrage, et Raymond n'osa pas renouveler sa question.

— Frère, lui dit Marya après un moment de silence, prête-moi ta dague.

Raymond détacha de son ceinturon la pesante lame, et la remit en sa jolie main.

Elle l'ajusta un moment à l'écharpe qu'elle brodait, puis la reprenant, examina de tous côtés, avec un sourire enfantin, la lame et la poignée richement travaillée en argent.

Raymond suivait tous ses mouvemens. — Prends garde, damoiselle, lui dit-il; tes mains délicates ne sont pas accoutumées à manier de semblables fardeaux.

— Je crois, en effet, que cette arme est mieux placée dans les tiennes, et cependant je souhaite qu'elle te soit toujours aussi inutile qu'elle me l'est en ce moment.

— Dieu puisse t'entendre! répliqua Raymond avec un soupir; elle n'est sortie de son fourreau que trop tôt!

— Saints anges! s'écria la jeune fille en considérant l'épée avec une terreur enfantine; y a-t-il du sang au bout!

— Je ne te dirai ni oui ni non, damoiselle, mais sois bien sûre que, si elle a frappé, ce n'a jamais été que pour le salut de mes frères.

— Eh bien, reprit Marya en riant, songe qu'elle est à moi dès aujourd'hui, puisque tu l'as remise en mes mains, et dorénavant tu ne peux la faire luire sans mon aveu.

— Je te le jure! repartit Raymond avec plus de véhémence qu'il ne l'aurait cru d'abord. Une seule parole, un seul signe de toi, belle amie, sera un commandement pour Raymond.

Marya ne lui répondit rien. — Il reprit la lame qu'elle lui offrait en silence, et, je ne sais comment, leurs mains se touchèrent...

Raymond fut sur le point de tomber à ses genoux. Il y avait je ne sais quel parfum enivrant dans ce silence, dans ce jour velouté qui reposait autour d'eux, dans cet air qu'il respirait seul à seul avec cette jeune fille ; il y avait je ne sais quoi de candeur et d'amour dans cette chambre où tout était suave et gracieux, jusqu'aux muettes figures des meubles qui semblaient incliner la tête et leur sourire.

Oh! le cœur de Raymond était plein! son sang bouillonnait et brûlait sur ses joues; il n'osait parler, car il sentait que sa voix aurait tremblé....

— Mais, frère, reprit tout à coup Marya

avec un sourire à la fois malin et naïf, tu oublies, ce me semble, que tu cherchais ton père.

— Je t'avouerai, damoiselle, répondit Raymond non sans quelque embarras, que j'ai renoncé à cette recherche. Je crois que mon père est sorti de la Casa avec le tien.

— Vraiment! repartit Marya en riant; et alors que fais-tu ici enclos entre quatre murailles comme une timide jouvencelle, assis sans rien faire, regardant travailler autrui? — Au moins, prends un de ces saints livres, et montre-moi comment déclame le beau ménestrel de Provence.

— Voici un agréable commandement, et je ne tarderai pas à l'exécuter. — Il se leva, prit le livre des poésies, et lut à haute voix.

Je ne sais combien de temps passa ainsi.

VI.

Le Maïor de Pérosa.

—

Toutes les demeures vaudoises ne présentaient pas cet aspect de franchise et de candeur. Les mœurs hospitalières et patriarcales des montagnes n'existaient déjà plus dans les vallées rapprochées de la plaine. Plus voisins des ennemis, plus exposés à leurs brusques attaques, leurs habitans en avaient contracté un caractère de ruse et de défiance qui influait sur leur extérieur. La cabane du Vaudois de Pérosa restait fermée à l'étranger; et malheur à celui qui, fourvoyé dans ces défilés, était désigné comme idolâtre ! Son corps, brisé dans le précipice, annonçait que les victimes de l'inquisition avaient trouvé un vengeur.

Sur les bords du torrent d'Agrevol, à l'endroit où il tombe en double cascade, s'étendait une vaste habitation placée là seule et triste comme une forteresse. Des murs énormes de roches entassées sans ciment enserraient les humbles cassines en bois groupées autour d'elle, comme un peuple de nains autour du géant qui les protége. Au premier coup d'œil on n'eût trouvé dans cet amas de pierres ni porte ni fenêtres. Il y avait là une physionomie de cruauté, de dissimulation et de force, qui eût repoussé le voyageur, et lui eût fait rebrousser chemin avec crainte. C'était la demeure de Peyre de Pérosa, et celle de ses nombreux serviteurs et amis.

Il se faisait nuit, et la vaste salle de l'habitation du Maïor de Pérosa semblait plus vaste encore à cette vaporeuse et douteuse lumière. Les longues fenêtres ne paraissaient plus que comme autant de fantômes vagues et bleuâtres. Une rouge clarté s'élançant de l'âtre faisait étoiler sous la voûte sombre l'acier poli de la lampe, et illuminait les monstres sculptés des soliveaux qui semblaient prendre vie sous ces tremblans reflets, s'agiter, ouvrir la gueule, et rouler les yeux. Devant la cheminée, sur la chaise à deux accoudoirs dont les ciselures à jour se dessinaient sur ce fond brillant, Peyre, les jambes étendues, la tête dans la main, rêvait profondément.

C'était un homme d'une haute taille, dont les membres robustes annonçaient une force et une agilité peu communes. Ses traits étaient réguliers, mais sévères; ses sourcils fortement prononcés, ses cheveux noirs et courts, bouclés autour de son large front, ajoutaient encore à l'énergie de sa tête. Ses yeux perçans et observateurs où se peignaient à la fois la ruse et la fermeté, l'expression hautaine et réservée de sa physionomie, jetaient sur tout son être quelque chose de vague et d'indéfini qui repoussait la confiance. Auprès de lui était assis un jeune homme dont les formes maigres et frêles contrastaient singulièrement avec celles de son robuste compagnon. Ses yeux étaient vifs, petits et mobiles, son air faux et en même temps hardi; véritable figure de lutin.

Ils gardaient le silence.

— Pardieu, Peyre, dit tout à coup le jeune homme, je pense que tu te tourmentes trop pour si peu de chose : quoi ! parce que cet étourneau de Dauphiné a été choisi pour chef par des étourdis qui lui ressemblent ! —Qu'est-ce que cela te fait ?

— Tu as la vue courte ce soir, ami Alphand ! répliqua Peyre en secouant la tête. — Ce que cela me fait !

— Ma foi, je ne te comprends pas ! Que ce fou de Pragela se pavane un moment, parbleu ! laissons-le faire, c'est un feu de paille ; et à la première affaire sérieuse, tous les Jouvenceaux reviendront vers toi.

— Non ! non ! dit Peyre avec un geste énergique. C'était un parti pris ! Alias, Joan, Francisco, et autres ont dirigé toute l'entreprise ! Je m'en étais aperçu depuis longtemps, et je savais que je leur devenais à charge. Ils m'ont quitté pour ne plus revenir.

— Est-ce ainsi ? eh bien ! il faut en finir promptement avec ce Raymond de Pragela !

— Damnation ! dit Peyre en frappant du pied et se levant brusquement. — Faut-il être venu se heurter à si mince obstacle ? encore deux mois..... et tout était fini !....

Il se promenait par la salle avec agitation.....
Oui certes! encore deux mois, et dans toutes les vallées je n'avais qu'Antony au dessus de moi!

— Eh bien! en désespères-tu?

Peyre s'arrêta et croisa ses bras sur sa poitrine.

— Pas encore, répondit-il avec un profond sourire. Il faudrait autre chose que cela, mon ami, pour déconcerter Peyre. Ma trame est forte, et celui qui viendra se jeter au travers pour la briser pourra bien s'y perdre et n'en jamais sortir.

— Je le pense; aussi il me semble que tu t'inquiètes trop tôt.

— Non, non; il faut s'inquiéter de loin pour ne rien craindre de près. Et après tout, le fou de Pragela n'a que trop bien travaillé depuis deux mois!

— Comment?

Les noirs sourcils de Peyre s'étaient violemment froncés comme à une idée pénible. Il cheminait silencieusement par la salle.

— Eh bien! reprit Alphand, qu'a-t-il donc fait que je ne sache pas encore?

Peyre ne répondait pas. Sa tête était baissée, et ses bras fortement serrés contre sa poitrine.

— S'il n'y a rien de plus, continuait Alphand, je ne vois pas pourquoi tu le redoutes tant. Parce qu'il a séduit quelques écervelés comme lui? Parbleu, tu es encore maître du val de Pérosa, et des Vaudois de la plaine, et du val de Lucerna ; car Gorrano n'est qu'un mannequin que tu remplaceras à volonté. Tu as la confiance des Barbas. Tu es chéri d'Antony Vincens, et bientôt tu seras son fils, car si je ne me trompe, la gente Marya...

— Elle! s'écria Peyre en s'arrêtant brusquement tandis que ses yeux étincelaient. — Damnation!.... il me l'a aussi enlevée!....

— Elle! et en es-tu bien sûr?

— Je m'en doute, reprit Peyre avec un sourire amer. — Elle s'est éprise de ce beau damoisel de Dauphiné, de ce courtois ménestrel de Provence, qui lui dit du matin au soir les sirventes des troubadours et les hauts faits des chevaliers de jadis..... Que sais-je !.... Mais patience! Tandis qu'il se pavane et sommeille doucement là-bas, moi, je veille ici ; ils ne connaissent pas encore Peyre pour oser se jouer de lui! Je les suivrai de l'œil, je les épierai, et malheur à eux, si!....

— Tu l'aimais donc..... pour elle-même? demanda Alphand avec une sorte de surprise.

— Oui, pour mon malheur! Elle s'est emparée de mon cœur tout entier; je suis subjugué par cette enfant! Je l'aime..... avec fureur! Il faut qu'elle soit à moi! que je la possède!.... et cependant, devant elle, un inconcevable respect..... Mais, je le vois, tu ne me comprends pas.

— Moi, je n'ai jamais aimé personne, répondit Alphand avec nonchalance, et je croyais que tu étais de même; je croyais que tu aimais Marya par ambition, comme tu as aimé... la petite Paolina, par exemple... pour le plaisir.

— Paolina! j'en ai fait ma maîtresse... un jour. Marya sera ma femme, et pour la vie! Elle sera à moi, ou je mourrai!... et peut-être, je ne mourrai pas seul!

A cette pensée, il baissa la tête avec un geste terrible, et reprit sa marche silencieuse.

— Je ne m'attendais pas à cela! dit Alphand. Eh bien! alors, il faut trancher la question d'un seul coup! Ce troubadour à la plume rouge a le cœur aussi chaud que la tête légère, et il ne serait pas bien difficile.....

— Il nous faut de la guerre! s'écria Peyre en s'arrêtant sans l'écouter. Il nous faut de la guerre! répéta-t-il en frappant du pied, et nous en aurons de manière ou d'autre!

— Vrai Dieu, c'est bien pensé! Ce serait un bon moyen pour ramener vers toi toute cette marmaille d'Angrogna. Quand l'idolâtre hurlera à la porte de leurs cassines, ils sentiront que la tête de leur nouvel ami de Pragela est encore trop jeune, et son bras trop faible contre un pareil orage. Mais comment?...

— Laisse-moi faire, dit Peyre fermement. Encore quelques jours, et tout est fini. Je les tiens! je vais mettre la dernière main à l'œuvre. Je ne serai pas long... Demain... cette nuit, peut-être, je serai de retour.

Il resserrait son ceinturon et prenait son épieu.

— Ne puis-je pas t'aider un peu? demanda Alphand.

— Prépare, sans bruit, nos Jouvenceaux au départ, et tiens-les en émoi. Quant au reste, je puis seul m'en charger. Je sais qu'il y a parmi nous des traîtres qui se sont vendus à l'inquisition, des espions qui cherchent à pénétrer nos secrets pour les livrer à nos bourreaux. Eh bien! je vais les leur dire moi-même! et cette fois, en croyant me perdre, ils ne feront que me servir. Car il faut que les fidèles soient persécutés, pour que je les défende; il faut que la patrie soit en péril pour que je la sauve. Guerre, persécution, péril, je vais tout amener sur nous par un seul mot... et ce mot sera le fondement de ma grandeur!

— Je te comprends, et je t'admire.

— Je vais trouver l'homme habile qui croit me tromper, continua Peyre avec un sourire ironique, le serpent séducteur qui croit me pousser sur le chemin de ma ruine; je vais lui montrer que dans cette voie j'avance plus vite encore qu'il ne l'avait espéré; car ce qui est à ses yeux le chemin de notre ruine, est aux miens le chemin de la royauté!

Il était déjà sur le seuil, lorsque tout à coup il s'arrêta; une pensée subite venait de traverser son esprit. Ses yeux étincelèrent d'une joie sombre, et il frappa du pied.

— Je le tiens, le ménestrel! s'écria-t-il. Écoute! du même coup, je triomphe, et je perds Raymond sans retour.

Il souffla quelques mots dans l'oreille de son ami.

Alphand tressaillit, regarda Peyre ·

— Bravo ! dit-il ; vive Dieu, compte sur moi !

— Tu as entendu ? ajouta Peyre. Je vais faire le reste. A demain !

Et il s'élança dehors.

Alphand resta un instant à considérer la flamme. Les rouges charbons se réfléchissaient dans ses petits yeux mobiles... Il souriait... Sans doute les lutins et farfadets sourient ainsi lorsqu'ils plongent dans le marais le pauvre voyageur égaré. Puis il se leva brusquement, jeta par terre d'un coup de pied le siége sur lequel il était assis, et avec une étonnante légèreté, fut dehors d'un seul bond.

Au moment où Peyre franchissait l'enceinte, il fut arrêté par une femme enveloppée dans un long vêtement brun.

— Où vas-tu, Peyre, à cette heure de nuit ? lui dit-elle d'une voix altérée. Pourquoi t'exposer ainsi ?

— Comment donc, mère ? lui demanda Peyre sans lui répondre, tu es seule ici ! seule hors de ma demeure, lorsque la nuit est tombée !

— Peyre! Peyre! dit sa mère d'une voix où se mêlait l'accent de la tendresse et celui du reproche, et secouant sa tête où flottaient ses longs cheveux gris. — Tu t'inquiètes trop de moi, et pas assez de toi-même. Moi, je n'ai rien à craindre; à quoi suis-je bonne maintenant? Mais toi!

— La place des femmes est dans la maison, interrompit Peyre d'une voix ferme; celle des hommes est dehors.

— Peyre! et elle lui prit le bras avec énergie, souviens-toi qu'il y a un an, ton père est sorti à la même heure... et il n'est jamais rentré!

— Mais, je rentrerai, moi! répondit-il en souriant avec calme, et je vivrai pour le venger!

— Songe, Peyre, songe que tu es toute ma consolation sur cette terre... que je ne vis plus qu'en toi seul!... Pourquoi aventurer ainsi mon trésor à la merci des ténèbres, au dessus des torrens et des précipices? Dieu a fait la nuit pour le repos. L'idolâtre seul veille... Et je crois l'entendre chaque soir s'agiter et hurler à la porte de ma demeure pour dévorer mon premier né, ainsi qu'il a dévoré son père.

— Ma bonne mère Joanna, répondit Peyre d'un ton légèrement ému, mais calme et ferme, donne-moi ta bénédiction pour cette nuit.

Il s'inclina, et Joanna posant ses deux mains sur le front de son fils, y déposa un baiser.

— Que le Seigneur soit avec toi ! dit-elle.

Peyre se releva, et s'éloigna d'un pas rapide et hardi. Sa mère, debout sur les pierres informes du seuil de l'enceinte, les mains jointes sur la poitrine, le regarda partir ; son visage pâle et amaigri par les douleurs et les années se détachait encore sur l'obscurité croissante de la nuit. — Mais bientôt les ténèbres s'épaissirent, et enveloppèrent également dans leur ombre, et la pâle figure de la mère, et la taille athlétique du fils.

—

VII.

Une Conférence.

—

Peyre continuait sa marche d'un pas hâtif. Il descendait vers la plaine. Déjà les cabanes vaudoises, groupées de distance en distance, devenaient de plus en plus rares. On eût dit un territoire neutre, que les deux religions avaient laissé entre elles comme un cordon sanitaire contre la peste de l'hérésie.

Arrivé sur la frontière du pays vaudois il s'arrêta. C'était un lieu désert, qu'une enceinte circulaire de rochers entourait ainsi qu'une ceinture. A quelque distance, sur le bord de la route, s'élevait une misérable cahute de pâtre, dernier vestige d'habitation humaine dans cette solitude désolée.

Appuyé sur son épieu, Peyre interrogeait la plaine de l'œil, comme s'il eût cherché quelqu'un. Un homme se leva au pied de la cabane, et s'avança vers lui. A sa taille haute et maigre, à son regard astucieux et froid, vous eussiez reconnu le sire de Champollion.

— Je ne t'attendais plus, Maïor de Pérosa, dit-il en s'approchant du Vaudois qui restait immobile. Je pensais que peut-être tu n'avais pas reçu ma lettre, et j'allais, au risque de te déplaire, m'acheminer vers ta demeure.

Peyre sourit ironiquement.

— Cela est-il vrai, frère? J'en suis fâché pour toi et pour moi. Mais le temps perdu peut être réparé. Je pense; au reste, que toi et moi nous sommes en sûreté ici?

— Je le pense, répondit Champollion avec calme, et d'ailleurs tu es armé.

— Au fait! dit brusquement Peyre, nous ne sommes pas venus ici tous deux pour nous perdre en discours inutiles. Qu'as-tu à m'apprendre?

— Je viens de Pragela; on m'y a dit que les fidèles de ce val ainsi que tous ceux de France se réuniraient prochainement à ceux d'Angrogna.

— Ensuite?

— Ensuite? répondit lentement Champollion en reposant sur lui son regard observateur qui se perdit dans la physionomie impassible et ténébreuse de Peyre. Je voulais t'en prévenir, car je t'aime et t'estime, Maïor de Pérosa.

— Ensuite?

— Ensuite, je pensais qu'il faut un chef suprême à toute la confédération; je pensais que tu mérites seul de l'être. Mais j'ai cru voir que les Jouvenceaux songent à en élire un autre.

Champollion s'arrêta.

— Et ce chef serait? demanda Peyre avec sang-froid.

— Raymond de Pragela.

— C'est bien, je m'en doutais, répondit Peyre avec calme.

— Il me semble, Maïor de Pérosa, que tu apprends cette nouvelle avec une résignation exemplaire. Jamais je n'aurais pensé de toi,

Peyre, moi qui t'ai vu déjà fier et hardi dans ton enfance, que tu pourrais te résigner à obéir à plus jeune, à plus faible que toi!

— Ami, répondit Peyre avec un sourire méprisant, celui qui parle à la légère se trompe presque toujours. Je te remercie de tes bons avis..... Tu m'entends? de tes bons avis. Je te connais peut-être mieux que tu ne le crois.... et c'est pour cela que je suis venu.

Champollion ne put s'empêcher de jeter un regard de crainte sur la figure audacieuse et mâle de Peyre.

— Ecoute, reprit le jeune Vaudois, en le saisissant par le bras; j'ai aussi mes nouvelles à te communiquer.

— Je t'écoute, frère, répondit Champollion avec calme.

Peyre s'arrêta, et fixa sur lui son œil perçant.

— Bien! dit-il avec un sourire. Je t'estime maintenant plus que je ne le faisais tout à l'heure. Tu as cru m'apprendre que les vallées de France venaient à nous? Eh bien, je t'annonce, moi, que nous ne les attendrons pas!

— Je m'en doutais.

— Tu peux en être certain maintenant. Retiens bien ce que je vais te dire.

— J'écoute.

— Tu connais la plaine San-Joan?

— Oui...

— Tous les fidèles des vallées de Pérosa, Angrogna, Lucerna, vont s'y réunir et se constituer en corps de nation. Huit jours ne s'écouleront pas que tout sera terminé... Comprends-tu?

— Je comprends.

— C'est à toi de voir si cela te convient. Il n'y aura alors qu'une seule armée et qu'un seul chef. Si les vallées de France viennent, il y en aura deux, voilà tout! Tu es instruit maintenant?

— Oui.

— Eh bien, agis en conséquence. Retourne d'où tu viens, à Pragela... ou ailleurs. Redis-leur ce que tu viens d'entendre. Ils verront ce qu'ils ont à faire.

— Alors, que je sois le premier à saluer le chef suprême des vallées d'Italie, sinon de celles de France!

Peyre fit un geste de dédain.

— Assez! Je ne suis pas venu ici pour cela.

J'ai appris ce que je voulais savoir... Et toi aussi, je pense. Il est donc temps de nous séparer.

— Adieu, Maïor de Pérosa.

Champollion s'éloigna rapidement, descendant vers la plaine; et le Vaudois, immobile et les bras croisés, le regarda fuir avec un sourire moqueur.

VIII.

George Martin, sieur de Champollian.

Dans l'histoire de tous les temps et de tous les peuples, il se présente sans cesse de ces hommes dont l'unique but paraît être de nuire. Sans être portés au premier rang, sans sortir du rôle inférieur où les retiennent le plus souvent les forts et les habiles, et où ils semblent se complaire, ils se trouvent cependant mêlés à tous les événemens ; les ressorts les plus secrets et les plus influens de la politique sont placés toujours sous leur main, et ils sont, sinon la cause, au moins les premiers ouvriers de toutes les catastrophes. C'est à peine si le peuple s'en doute ou les connaît même de nom. Mais plus tard, lorsque la postérité a commencé pour eux et pour leurs contemporains, celui qui remémore les faits accomplis les voit partout et s'étonne. Semblables à ces comètes fatales qui ne brillaient que pour prédire le malheur à la terre, ils ne paraissent sur la scène de l'histoire qu'au milieu des désastres, et ils traversent presque silencieusement l'infortune des nations, en attachant seulement leur nom à chaque ruine.

Le mobile des uns est l'intérêt; ils veulent de l'or, et peu leur importe qu'il soit souillé de larmes ou taché de sang; pour les autres, c'est l'ambition de se frayer un chemin, de se rendre important et utile, de pouvoir se dire à soi-même : c'est moi qui l'ai fait! ambition d'Erostrate qui brûle le temple d'Ephèse; ambition de ce vagabond qui écrivait à chaque pas son nom sur la muraille.

Ceux-là ont souvent laissé à l'historien une énigme à deviner. Car presque toujours l'histoire est muette et n'explique pas le motif de leur vie agitée et sanglante. Etait-ce la soif des richesses? Mais on ne trouve nulle part la trace de leur fortune; ils sont morts tels qu'ils sont nés et qu'ils ont vécu, et ne paraissent pas avoir touché le prix du sang. Etait-ce l'ambition? ils n'ont eu ni charges, ni dignités, ni honneurs. Ils n'ont rien obtenu, parce qu'ils n'ont rien demandé; et l'ambition demande toujours.

George Martin, sieur de Champollion, ainsi que l'appellent ses historiens, appartenait par sa naissance à ces nobles obscurs qui connaissent seuls les faits et gestes de leurs ancêtres, dont le souvenir n'est consigné que dans leur arbre généalogique. Trop faible et trop pauvre, dans ce temps de féodalité puissante, pour être quelque chose par lui-même, pour exercer quelque influence hors des limites de son manoir, mais en même temps trop remuant et trop adroit pour se contenter de la profonde insignifiance où jusqu'alors s'était endormie sa famille, il semblait né pour devenir le satellite et l'instrument de plus puissans que lui.

J'ai déjà montré en quoi il le devint et quels services il était appelé à rendre. Mais quel était le motif secret qui l'avait jeté hors de son donjon du Dauphiné pour cette vie de trahison, de crimes et de périls? les chroniqueurs l'ignorent ou le taisent.

George Martin, sieur de Champollion, voulait dominer et diriger tous les partis. Le prix de ses travaux était dans la conscience de sa force et de son influence.

Il était l'homme nécessaire, et il lui suffisait de le savoir.

IX.

De l'utilité d'un Confesseur.

—

Peyre, au lieu de rentrer dans les montagnes, continua de descendre vers la plaine. Après quelques instans d'une marche rapide, il arriva auprès d'une habitation isolée, placée sur la frontière catholique. Il escalada un petit mur à demi éboulé, traversa avec précaution une espèce de jardin mal entretenu, et s'approchant d'une fenêtre basse d'où s'échappait une faible lumière, jeta un regard circonspect dans l'intérieur.

C'était une salle assez vaste, dont l'ameublement annonçait la limite entre l'aisance champêtre et la pauvreté. Dans un coin un crucifix, une image de la Madone, un bénitier surmonté d'une branche de buis, apprenaient au spectateur qu'il était rentré dans l'empire de l'Église. Une flamme errante, qui brillait encore par intervalles sur le foyer à demi éteint, jetait une lueur incertaine et fugitive sur une figure de femme assise devant la cheminée. Immobile, les yeux fixés sur les tisons fumans de l'âtre, elle paraissait plongée dans l'abattement d'une douleur concentrée; son visage régulier et pâle, ses formes frêles et pleines d'abandon, ajoutaient encore à cette expression mélancolique.

Peyre poussa légèrement le châssis qui fermait la fenêtre, et sauta dans la salle. Au bruit, la jeune femme tressaillit et se retourna. — Peyre était debout derrière elle.

— C'est lui! s'écria-t-elle avec une explosion de joie inespérée. Te voilà donc enfin! et elle courut se suspendre à son cou.

Peyre se baissa silencieusement, déposa un baiser sur son front, se débarrassa ensuite doucement de ses étreintes passionnées, et s'approcha de la cheminée.

La jeune femme se hâta d'étendre une tenture devant la fenêtre, et barricada les portes; puis elle alluma sa lampe, et revint se jeter entre les bras de Peyre.

— Méchant! lui dit-elle, comment es-tu resté si long-temps sans venir? Si tu savais combien j'ai pleuré! Déjà je me croyais oubliée!

— Enfant! répondit Peyre en entourant d'un bras sa taille flexible, et la soulevant vers lui, tandis qu'il passait son autre main dans les tresses ondoyantes des cheveux de la jeune femme, dont la tête reposait sur sa poitrine. La taille athlétique, les membres nerveux, les traits énergiques du Vaudois, opposés aux formes délicates, aux proportions petites et gracieuses, à la physionomie mélancolique de la femme suspendue à son cou, représentaient le plus expressif contraste de la faiblesse et de la force.

— Oui, reprit-elle, pardonne-le-moi, j'ai douté de ta fidélité. Mais je n'ai pas cru que tu m'avais abandonnée pour toujours.... Oh non, car je serais morte! — Vois-tu, je ne peux plus vivre sans toi!

— Cela est-il bien vrai?

— Ingrat que tu es d'en douter encore! quelles preuves de ma tendresse veux-tu donc que je te donne? hélas! je ne t'en ai déjà que trop donné! Malheureuse que je suis! et je n'ai pu m'assurer de ton cœur! Tu me possèdes tout entière, tu es mon seigneur et mon maître... et moi, je ne te possède pas! Dis-moi, cruel, pourquoi tu n'es pas plus tôt venu?

Peyre fixa sur elle son regard pénétrant.

— Pourquoi me fais-tu cette question?

— Oh, grâce! répondit la jeune femme en courbant la tête et en la cachant dans le sein du Vaudois. Ne me regarde pas ainsi, tu me fais trembler!

— Écoute, répliqua Peyre; tu sais ce dont nous sommes convenus. Ne m'interroge jamais. Je t'aime, puisque je viens te voir, et que, toutes les fois que mes pas se dirigent vers ta chaumière, ma vie est en danger. J'ai trop d'ennemis pour confier ma tête, même à ton amour, Paolina. Pour te répondre, je devrais mentir; mais je ne veux pas te tromper; je dois donc me taire.

— Eh bien! pardonne-moi, reprit Paolina avec un geste et un regard caressant. Tu m'as rendue bien malheureuse aussi ; mais moi, dès que je t'ai vu, j'ai tout oublié.

Et elle chercha à l'enlacer de ses bras ; Peyre restait impassible, et son front soucieux conservait l'empreinte de ses préoccupations intérieures. La jeune femme laissa tomber ses mains avec tristesse ; elle n'osa pas se plaindre ; sa tête se pencha sur sa poitrine, et des larmes roulèrent dans ses yeux.

— Où est ton frère ? demanda Peyre après quelques instans.

— Tu sais bien qu'il est absent. Il est parti pour Pignerol, et ne sera de retour que le lendemain du jour où monseigneur Charles aura quitté le monastère de San Secondo. Il y sert comme vassal.

— Je suis fâché de ne l'avoir jamais vu.

— Sainte Vierge ! dit Paolina en joignant les mains avec terreur ; quelle pensée as-tu là ! Ah ! si mon frère pouvait soupçonner qu'un étranger s'est introduit dans la maison de ses pères, qu'il lui a suffi de me voir une seule fois pour ravir à la fois à sa sœur son amour, sa vertu, sa liberté, il voudrait te combattre, et tu le tuerais ; car Paolo n'est encore qu'un enfant auprès de toi, et il le sera toujours. Il n'est pas deux hommes sur la terre comme celui que j'aime! ajouta-t-elle avec une fierté passionnée, en s'appuyant sur lui. — Mais son regard rencontra l'œil froid et rêveur du Vaudois, et la tristesse vint remplacer sur ses traits mobiles l'expression d'amour qui les animait.

—Écoute, reprit Peyre, qui suivait ses propres pensées sans paraître s'apercevoir des chagrins de sa compagne; peux-tu faire parvenir une lettre à San Secondo?

— Oui sans doute; par le père Hieronymo mon confesseur.

Peyre tressaillit. — Ah! tu as un confesseur! un moine?

— Eh bien! repartit Paolina avec surprise, cela t'étonne?

— Non, je devais m'y attendre, reprit Peyre avec un sourire plein d'une ironie amère, bien! c'est cela même qu'il me faut!

— Oh! mon amour! s'écria Paolina, en se jetant à son cou, ne me regarde pas ainsi! tu me fais mourir! Dieu! que les courts instans de bonheur que tu m'as fait goûter me coûtent cher! Je te dirai tout ce que je pense, car je ne puis résister plus long-temps..... je suis bien criminelle..... et je crains de l'être plus encore..... Je t'aime..... eh bien! rassure-moi!.... dis-moi que je n'aime pas..... un......

Elle n'osa pas achever. Peyre avait fixé sur elle ses yeux étincelans ; et comme fascinée sous ce puissant regard, la jeune femme, pâle et tremblante, était tombée à genoux, les mains jointes. Peyre la prit entre ses bras, la releva et imprima sur ses lèvres un baiser de feu.

— Sainte Vierge! dit Paolina balbutiante, non, vous me protégerez! je n'aime pas un damné !

Peyre, la tenant toujours entre ses bras, la porta auprès de la table, l'assit sur ses genoux, déploya devant elle un morceau de parchemin :

— Écris ce que je vais te dicter.

Emue, subjuguée, Paolina se disposa à exécuter cet ordre bizarre sans en demander le motif.

« A monseigneur Alberto Capitanéis, archidiacre de Crémone, grand-inquisiteur. »

» Une pauvre et faible femme, fille d'un vassal de San Secondo, habitant à la croisée du chemin des Trois-Pierres, se recommande à votre miséricorde. Elle a entre les mains un puissant moyen de servir l'Église. Elle possède les secrets des hérétiques des montagnes;

mais elle ne peut faire ces révélations qu'à vous seul et sous le sceau de la pénitence ; heureuse si elle peut obtenir, à ce prix, le pardon de la faute que l'amour lui a fait commettre ! »

— Signe, continua Peyre, et indique-lui le moment du rendez-vous.

— Mon Dieu ! répondit-elle accablée ; rêvé-je ? qu'est ce que cela veut dire?

— Signe, te dis-je ! reprit Peyre en la pressant contre lui et en imprimant ses lèvres sur son cou. — Elle signa, toute palpitante d'amour et d'effroi.

— Maintenant, dit Peyre, tu donneras cette lettre à ce moine, pour qu'il la remette à son adresse.

— Moi !... et que pourrai-je dire à monseigneur Alberto, grand Dieu !

— Rien ; c'est moi qui viendrai lui parler.

— Mais il ne viendra pas !

— Eh bien ! dis au moine, pour presser sa marche, que Raymond de Pragela t'a dit bien des choses que tu veux répéter au grand-inquisiteur.

— Raymond ! Ah ! je sais donc ton nom, enfin !

— Folle que tu es! cela te rend-il plus heureuse?

— Oui! mon Raymond! mes lèvres peuvent au moins appeler celui qui fait battre mon cœur!

Peyre se mit à rire. La jeune femme avait jeté ses bras autour de son cou...

X.

Une Prédication.

—

Une madone clouée au tronc d'un vieux arbre, une lampe suspendue au dessus, et deux moines auprès, montés sur trois planches supportées par deux tonneaux, voilà ce qui attirait la foule dans un carrefour situé à quelque distance de Pignerol.

Les moines prêchaient la croisade contre les hérétiques des montagnes.

— Oui, mes frères! criait l'un d'eux, il est temps d'en finir avec ces abominations qui souillent la terre sacrée! L'indulgence qui nous porterait à tolérer de semblables infamies nous en rendrait complices. Oui, mes frères! vous en seriez complices! et l'enfer n'aurait pas assez de flammes pour vous punir de cette criminelle insouciance : car on frémit d'y penser, on frémit de le dire! Les images même de la sainte Mère de Dieu, qu'ils outragent et qu'ils blasphèment chaque jour, ont détourné la tête d'horreur et de dégoût, en voyant ces assemblées infâmes, où, rassemblés la nuit sous la présidence de Satan, après s'être gorgés de vin et des chairs sanglantes d'un enfant nouveau-né, ces monstres impies commettent les plus épouvantables incestes, le père avec la fille, le frère avec la sœur, la mère avec le fils (1) !

Un murmure d'horreur et d'indignation

---

(1) Ces atroces calomnies sont empruntées mot pour mot aux auteurs catholiques. Nous tenons à nous laver d'aussi dégoûtantes inventions. Il est à remarquer cependant que le même reproche a été fait à la religion chrétienne à sa naissance ; que les orthodoxes l'ont ensuite dit des Gnostiques, des Manichéens, des Templiers, etc., etc., etc. Quant aux Vaudois, ces calomnies s'accréditèrent tellement, qu'une de leurs vallées, celle de Val-Loyse, en reçut un nom que nous n'écrivons ici qu'en hésitant ; malgré le vieux français qui le déguise : celui de Val-Pute.

circula parmi la foule, elle s'agita en criant sur le chemin, et une litière, qui passait en ce moment, fut obligée de s'arrêter. La tenture qui en fermait les portières se souleva, et l'on vit paraître la figure pâle et sévère du grand-inquisiteur. L'orateur, qui ne croyait pas avoir eu un semblable auditeur, se troubla un peu. Mais Alberto sourit, lui fit un signe d'approbation de la main, et laissa retomber la tapisserie. La litière continua son chemin.

— Venez donc, mes frères! reprit le moine avec un redoublement d'enthousiasme; méritez le nom de vengeurs de l'Église! secourez la Mère de Dieu, qui, désolée et couverte des plaies que lui ont faites ces infâmes hérétiques, vous tend les bras et vous appelle en vous montrant son Fils, votre Sauveur! Enrôlez-vous sous sa sainte bannière, et prenez sur vos épaules ce signe sacré, cette croix bienheureuse qui, au jour du jugement, vous ouvrira les portes du ciel!

La foule se précipita autour des moines pour recevoir les croix en drap rouge, qu'ils s'empressèrent de distribuer, tout en les accompagnant d'exhortations propres à enflammer l'ardeur des nouveaux soldats de l'Église. — Deux officiers revêtus d'armures brillantes, et suivis du cortége habituel des hommes d'armes, s'arrêtèrent un moment à considérer ce spectacle.

— Allez, allez, braves compagnons! dit l'un d'eux, Claude Jehan de Chantepleure, en riant. Courez prendre votre croix... elle vous paraîtra lourde avant peu.

— Ils reviendront probablement des montagnes plus vite qu'ils n'y seront allés, répondit Sacquet avec ce dédain que les soldats de profession conservent toujours pour les soldats improvisés.

— En admettant qu'ils en reviennent, repartit Chantepleure.

— Qu'importe! cela fait nombre.

— Tiens! reprit Chantepleure en jetant un regard d'intérêt dans la foule. Jolie petite brunette, ma foi! Est-ce qu'elle va prendre la croix aussi?

Et il suivit des yeux une petite femme, enveloppée d'une mante noire, qui s'approchait des moines. L'adroit capitaine avait saisi, sous la dentelle noire, le visage et les beaux yeux de Paolina.

— Mon père! dit Paolina d'une voix suppliante, en tirant un des deux moines par sa robe. J'ai à vous parler de suite.

— Quoi?.. Ah! c'est vous, Paolina! je suis à vous, mon enfant. Et il descendit de son échafaudage.

— Oui, ma foi! reprit Chantepleure qui ne la perdait pas de vue. Eh bien! dans ce cas, je suis croisé aussi, moi!

— Viens-tu, Chantepleure? lui dit Sacquet.

— Non, je veux dire un mot à cette brunette.

— Tu es fou! En avant. On nous attend au château.

— Va tout seul. Je te suis.

Sacquet haussa les épaules, et partit. Chantepleure descendit de cheval, et s'avança en chantonnant vers le moine.

— Eh bien! ma fille, dit le père Hiéronymo en tirant à l'écart Paolina, qu'y a-t-il?

— Mon père! dit-elle toute tremblante, c'est une lettre... que je vous prierai... que je vous prierai en grâce de remettre à son adresse.

— Moi! ma fille, une lettre! et à qui?—Et il prit le paquet qu'elle lui présentait. — Le grand-inquisiteur, dit-il à voix basse, et saisi de surprise. Le grand-inquisiteur! vous Paolina, lui écrire! Et qu'avez-vous à lui dire, mon enfant?

— Ah! mon père!... Et elle ne put en dire davantage.

— Comment? mais vous paraissez toute tremblante! — Qu'est-ce que tout cela? — Et il ouvrit la lettre, et tressaillit en la lisant. — Bon Dieu! est-ce vrai, ce que vous écrivez là, ma fille? Songez que je vous ai appelée plusieurs fois au tribunal de la pénitence, que je vous sers de père spirituel. Ne me cachez rien... sur votre salut! Est-ce vrai?

— Que trop! répondit Paolina en sanglottant.

— Malheureuse fille! vous avez aimé un hérétique!

— Hélas, oui!.. mais sur le salut de mon âme, je ne le savais pas! Oh! il se convertira, je vous le promets!

— Comment s'appelle-t-il?

— Raymond de Pragela.

— Raymond de Pragela! lui-même! ô Providence! le plus terrible des fils de Moloch! Mon enfant, le repentir seul peut vous sauver; sans cela, vous êtes perdue en ce monde et dans l'autre.

— Oh! il se convertira, mon père! et c'est pour cela que j'écris à monseigneur Alberto. Il m'a confié bien des choses que je ne puis dire qu'à lui.

— Ma fille, votre lettre sera remise.

— Mon père! l'absolution!

— Bien! dit le moine, je vous la donne. Mais repentez-vous et continuez de servir l'Église; il faut cependant...

En ce moment Chantepleure, tenant son cheval par la bride, était parvenu, non sans peine, à les joindre. Il saisit Paolina par la taille.

— Ah! ah! je vous y prends, brunette! lui dit-il; que contez-vous à ce vieux père barbe grise?

Paolina poussa un cri involontaire de terreur et se débattit.

— Eh bien, est-ce que je vous fais peur? Parbleu, je suis bon vivant, et je vaux mieux que ce vieux roquentin auquel vous dites des douceurs depuis une heure.

— Retirez-vous! lui dit le moine avec autorité.

— Allez donc, père Croiseur, mêlez-vous

de vos affaires, au lieu de conter fleurette à nos fillettes.

Mais Paolina profita de ce mouvement pour s'échapper, et elle prit la fuite.

— Elle vole comme un oiseau ! dit Chantepleure après avoir fait quelques pas à sa suite et l'avoir perdue de vue.—Mais dans son dépit, il voulut se venger en tourmentant le moine qu'il voyait prendre en toute hâte le chemin de San Secondo.

— Ah! vieux séducteur! s'écria-t-il en le saisissant par son capuchon, je vous y ai pris ! mais, par les cinq plaies du Sauveur, vous en serez châtié !

— Que me voulez-vous ? qui êtes-vous ? que dites-vous ? repartit vivement le moine avec l'agitation de la surprise et de la colère. Comment osez-vous porter la main sur moi? Et il se débattit violemment pour se délivrer des mains de l'homme d'armes.

— Oui-da, oui-da ! repartit Chantepleure en riant ironiquement des efforts inutiles du moine. Vous tremblez, vous rougissez, vous vous débattez..... Voilà l'effet d'une mauvaise conscience.—Allons, avouez votre faute, demandez-en pardon..... Et le pardon vous sera accordé.

— Laissez-moi! interrompit le père Hiéronymo exaspéré; retirez-vous, ou... je vous excommunie!

Chantepleure partit d'un éclat de rire.

— Papa barbe grise, cette brunette vous a remis un billet doux, je l'ai vu.—Osez le nier... et qui plus est... je le vois encore.... et je le prends, dit-il, en ajoutant le geste à la parole.

Car dans la lutte la robe du moine s'était ouverte, et laissait voir le parchemin qu'il avait serré précipitamment dans son sein.

— Quoi!.... vous osez!..... s'écria le père Hiéronymo, pouvant à peine parler, car la colère le suffoquait; — rendez-moi... cette lettre!... ou!...

—Suffit! suffit! repartit Chantepleure en le repoussant violemment. — Je veux en prendre lecture, car je tiens excessivement à savoir le nom et l'adresse de ce petit ange.

— Rends-moi cette lettre, fils de Satan! suppôt d'enfer! cria le moine, jetant un regard de désespoir sur la route alors déserte, et où il ne pouvait espérer de secours. — Ne vois-tu pas, malheureux, qu'elle est adressée au grand-inquisiteur, et que tu es perdu s'il sait.....

— Chansons, chansons ! interrompit l'aventurier en la mettant dans son baudrier. — Si le grand-inquisiteur veut cette lettre, il pourra me la demander. Pour moi, j'ai besoin de silence et de tranquillité pour comprendre l'écriture de femme. Dans ce cas, au revoir.

Et il s'apprêta à remonter à cheval en riant aux éclats.

— Scélérat ! s'écria le père Hiéronymo furieux et le saisissant par la jambe ; rends-moi cette lettre !

Mais Chantepleure, chancelant un moment, secoua si vigoureusement le moine qu'il lui fit lâcher prise, s'élança en selle, et partit au galop, poursuivi par ses imprécations impuissantes. Lorsqu'il fut hors de vue, il s'arrêta, et, riant encore du souvenir de cette scène burlesque, il déroula le parchemin, épelant par-ci par-là quelques mots, autant que le lui permettait sa science littéraire.

...Une... faible femme.... habitant.... à la croisée du chemin des Trois-Pierres... se recommande.... heureuse... faute.... amour... commettre...

— Bien, bien, je comprends! et elle s'appelle Paolina.... Joli nom!... et puis?

... Venir... vendredi.. première heure après le coucher du soleil.

Ah! ah! un rendez-vous! Fripon de moine, tu me le paieras!

Et il lança son cheval au galop. Quant au père Hiéronymo, à peine remis de son émotion et de sa colère, il suivait lentement le chemin de San Secondo, cherchant les moyens de pénétrer jusqu'au grand-inquisiteur.

XI.

L'Homme nécessaire.

— Je suis charmé de vous voir disposé, messire, disait le grand-inquisiteur en s'appuyant avec grâce sur son fauteuil, à remplir les périlleuses fonctions que l'Eglise vous décerne. Votre renommée a percé jusque dans nos pieuses retraites, et notre saint père vous avait désigné comme le Machabée qui devait conduire ses soldats à la victoire.

Le chevalier auquel s'adressait Alberto s'inclina avec modestie. C'était le sire d'Osasco, haut et puissant seigneur, dont les riches domaines s'étendaient sur les deux rives du Pô et du Clusone, et de plus, avoué de l'abbaye de San Secondo, dans laquelle Alberto se trouvait en ce moment. Il avait en effet une réputation méritée d'habileté et de bravoure éprouvées dans maintes circonstances, et le prince de Piémont l'avait toujours compté parmi ses meilleurs capitaines. Mais on l'accusait de cruauté et de fourberie ; sa tyrannie froide et soupçonneuse l'avait rendu la terreur de ses voisins, et son nom était maudit dans les vallées et les montagnes depuis Suze jusqu'à Saluces. Au reste, son costume d'une rare magnificence, ses manières élégantes et nobles, sa physionomie sévère, mais calme et posée, annonçaient l'homme de cour plus encore que l'homme de guerre. Les passions violentes et cruelles étaient dissimulées sous ces habitudes de courtisan, et qui ne l'aurait connu se serait laissé prendre à cet extérieur de bienveillante dignité.

— C'est avec orgueil, messire Alberto, dit-il, que je reçois cette marque de confiance. Je vous promets, à vous, comme représentant de notre saint père Innocent VIII, de ne rien négliger pour remplir cette mission. Mais je ne vous cacherai pas qu'elle est périlleuse et difficile, et je ne l'entreprends qu'avec votre promesse que l'Eglise me secondera de tout son pouvoir.

— Soyez tranquille à cet égard, messire; vous avez pu voir que déjà je fais prêcher une croisade.

Le sire d'Osasco secoua la tête en souriant avec aisance.

— Je vous demande pardon de vous interrompre, messire; sans doute cette croisade nous sera utile, en réveillant le fanatisme, en rendant la guerre populaire, en nous donnant ainsi cet appui de la masse nationale dont nous sentons de plus en plus le besoin, appui qui a fait la force de Louis de France malgré ses défauts, et qui a brisé Charles de Bourgogne malgré ses hautes qualités.—Mais cette croisade ne peut nous suffire; elle ne nous donnera pas un seul soldat digne de ce nom, et dans la guerre contre les Vaudois d'Angrogna, nous aurons besoin de troupes habiles et disciplinées, je vous en préviens. Il nous faut une armée régulière qui fasse le noyau de l'armée religieuse, et cette armée, nous ne pouvons l'obtenir que sur l'ordre de Charles. — Et même, quelque fatigué par la maladie que soit aujourd'hui ce prince, je vous conseillerai de ne rien tenter sans son assentiment. Car il tient surtout à l'exercice de son autorité, et notre saint père a pu déjà s'en apercevoir dans la malheureuse affaire de l'évêque Jean de Compeys.

— Je suis parfaitement de votre avis, messire. Le décret par lequel Charles de Piémont condamne les hérétiques est déjà rédigé, et dans quelques jours je vous promets sa signature. Pour agir aussitôt, il faut dès aujourd'hui commencer nos préparatifs et concerter nos opérations.

— Il n'y a qu'un seul plan de campagne raisonnable; il est simple. Il faudra surprendre les montagnards, les empêcher de se fortifier dans les défilés et pénétrer par colonnes mobiles sur tous les points à la fois pour les empêcher de se réunir; puis, une fois maîtres des vallées, s'emparer des points stratégiques pour s'en assurer la possession dans l'avenir. Vous sentez, messire, que ceci n'est qu'une donnée générale dont l'exécution peut varier à l'infini suivant les circonstances des hommes et des lieux, mais dont les détails, ordonnés à l'instant, doivent cependant former, en se réunissant, l'ensemble dont je vous présente l'esquisse.

— Je comprends parfaitement, messire.

— Mais vous comprenez aussi, sans doute, que ces différentes manœuvres exigent un ordre, une précision, une intelligence de la discipline militaire qui ne peut guère se rencontrer dans votre *arrière-ban* religieux. Je vous demande pardon, messire, de la liberté de mes expressions.

— Non, non, messire, nous parlons ici politiquement. L'Église a besoin de toutes les sciences, et si elle ne peut les trouver dans son sein, elle les cherchera au dehors pour les y faire entrer. L'Église catholique, c'est la raison humaine, fondue dans une unité puissante, régularisée, dirigée vers le bien. L'art politique et militaire en fait partie, et lorsqu'elle s'adresse à vous, qui en êtes un des plus nobles organes, ce sont des paroles politiques et militaires qu'elle vous demande.

— Eh bien, je vous dirai encore que pour réussir nous avons surtout besoin de renseignemens topographiques exacts, et qu'il sera difficile de nous les procurer.

— Je crois pouvoir vous satisfaire à cet égard, messire.

Alberto sonna, et un moine parut sur le seuil.

— Messire de Champollion, dit Alberto, m'a prévenu qu'il viendrait aujourd'hui me voir. S'il est arrivé au couvent, veuillez l'introduire.

Quelques instans après, Champollion entra.

— Soyez le bien venu, messire, lui dit Alberto, nous attendons avec impatience, le sire d'Osasco et moi, les renseignemens que vous pouvez nous communiquer.

— Je suis à vos ordres, monseigneur, répondit Champollion en s'inclinant et jetant un regard à la dérobée sur le seigneur qui de son côté l'examina sans se lever.

— Eh bien! quelles nouvelles?

— De bonnes et de mauvaises, monseigneur.

— Il y aura compensation, dit nonchalamment le sire d'Osasco.

— Depuis que je vous ai quitté, monseigneur, reprit Champollion continuant de s'adresser au grand-inquisiteur, j'ai vu, ainsi que je vous l'avais promis, et Raymond de Pragela, et le Maïor Peyre.

— Ah! déjà!... Eh bien?

— J'ai suivi le plan dont j'avais eu l'honneur de vous faire part, et dès ce moment je les crois irréconciliables.

— Tant mieux! s'écria Alberto avec joie.

— Quels sont ces hommes? demanda le sire d'Osasco évidemment impatienté d'être laissé en dehors de la conversation. Champollion resta immobile sur son siége sans répondre.

— Ce sont les chefs des Vaudois de France et d'Italie, répondit Alberto.

— Et, vous les connaissez? dit le sire d'Osasco en s'adressant directement à Champollion.

— Oui, messire, répondit-il avec le demi-sourire de la vanité satisfaite. Il est peu de secrets que je ne connaisse, et dont je ne puisse profiter au besoin.

— Vous êtes un homme précieux en ce cas! repartit le sire d'Osasco d'un ton légèrement ironique.

Champollion s'inclina avec modestie, et resta muet.

— Je désirais surtout votre présence, messire, reprit Alberto après quelques instants, pour obtenir de vous des indications sur les défilés qui conduisent aux vallées.

— Il me sera très-facile de vous en donner, monseigneur, répondit Champollion avec sang-froid ; et il s'arrêta.

— Nous les attendons avec impatience, car sans elles nos opérations deviendraient bien difficiles.

—Lorsqu'elles seront nécessaires, je vous les communiquerai, répliqua Champollion avec son imperturbable sang-froid; mais elles ne sont utiles que pour la marche des troupes, et rien n'est encore prêt à cet égard ; l'armée même n'est pas formée.

Le sire d'Osasco se mordit les lèvres.

— Comment voulez-vous, dit-il avec un mouvement d'impatience, que nous rassemblions une armée sur des données aussi vagues, et sans savoir si nous pourrons la faire marcher ?

— Ceci vous regarde, messire, répliqua Champollion avec une certaine hauteur. Vous êtes chargé de votre partie comme moi de la mienne. Je suis assuré, pour mon compte, que vous pourrez rassembler une armée et la mettre en mouvement ; eh bien ! cela me suffit et je poursuis ma tâche. Agissez de même à mon égard; préparez vos troupes, et quand vous donnerez le signal, je vous donnerai, moi, tout ce qui vous sera nécessaire ; je vous livrerai les secrets de l'ennemi, je vous le jetterai désuni, troublé, désarmé. — A chacun son métier et ses œuvres.

Il y eut un moment de silence.

— Allons, messire de Champollion, reprit Alberto avec affabilité, vous ne paraissez pas avoir compris le but de notre demande. Certes, nous sommes persuadés de l'utilité de vos mesures; mais il faut marcher pas à pas et de concert; chacune de vos découvertes doit être suivie d'une de nos démarches, et c'est dans ce but que j'ai voulu vous mettre en rapport direct avec le chef militaire de l'expédition.

Un geste bienveillant accompagna ces paroles, et cette fois ce fut le sire d'Osasco qui s'inclina.

— Je m'empresserai de satisfaire à votre désir, monseigneur, et c'est dans cette intention que je me suis si promptement rendu à votre invitation. J'ai des nouvelles de la plus haute importance.

— Voyons, dit Alberto.

— Êtes-vous prêt à agir de suite, à frapper un coup décisif?

Alberto se tourna vers le sire d'Osasco.

— Peut-être, répondit celui-ci.

— Le doute ne suffit pas, dit Champollion; et il se tut.

— Mais cela dépend des circonstances! reprit le sire d'Osasco. Qu'entendez-vous par un coup décisif?

— Je m'explique. Pouvez-vous livrer bataille aux hérétiques après-demain?

— Non certes!

— Vous êtes en retard sur moi, reprit Champollion d'un air légèrement ironique. Demain, je vous les livrerais : après, il sera peut-être trop tard.

— Comment! s'écria Alberto. Mais pourquoi ne pas m'avoir prévenu?

— J'arrive des montagnes, répondit le Dauphinois avec calme et montrant ses bottes couvertes de poussière. J'ai marché toute la nuit, et c'est ici la première fois que je m'asseois depuis vingt-quatre heures.

— Bon Dieu! mais n'y aurait-il pas moyen de retarder?.....

— Il y a ressource à tout, répondit Champollion avec sang-froid, et quand on sait jouer une partie, on la perd difficilement.

— Mais, pour livrer bataille, repartit le sire d'Osasco, il faudrait encore savoir où et comment trouver les ennemis.

— Cela me regarde, répliqua l'impassible Champollion. Je vous conduirai, à leur insu, jusqu'au milieu d'eux.

— Pour Dieu! messire de Champollion, interrompit Alberto, vous êtes notre providence! ne nous laissez pas ainsi dans le doute et l'embarras. Expliquez-vous, et nous verrons si nous pouvons exécuter ce que vous avez conçu.

— Voici ce que c'est! dit Champollion avec aisance, et les trois interlocuteurs se rapprochèrent familièrement. Vous savez, monseigneur, que je vous ai fait à Fenestrelles le dénombrement des forces des hérétiques ; je vous ai fait voir que dans quelques jours les vallées pouvaient présenter une armée de 20,000 hommes commandés par un habile général.

— Vingt mille hommes! s'écria le sire d'Osasco.

— Cela est prouvé, reprit Champollion ; êtes-vous en état de la combattre maintenant?

— Vingt mille montagnards ! non certes.

— Il fallait donc la désunir, la ruiner à l'avance. Aussitôt je me suis mis à l'œuvre. Je vous ai dit que deux généraux également influens, également habiles se mettaient sur les rangs ; mais il était à craindre que le moins ambitieux se retirât par dévouement. Je l'ai vu, c'est Raymond de Pragela ; je l'ai excité et je réponds de lui. J'ai vu Peyre, le Maïor de Pérosa, je lui ai fait part des projets de Raymond, et dès ce moment la guerre civile est inévitable. Cependant Peyre n'a point abandonné son projet : il n'espère plus la réunion des vallées de France ; mais tout est prêt pour celle des vallées d'Italie. Le lieu, le jour sont déjà fixés. Si nous attendons pour les attaquer que cette confédération soit formée, nous retombons dans le premier danger, moins grand de moitié, il est vrai, mais toujours redoutable. Peyre lui-même m'a fait part de ses desseins, et je le connais assez pour savoir que ce qu'il m'a dit, il le fera.

— Vous avez parfaitement raison, messire, dit Alberto ; il faut à tout prix prévenir cette coalition.

— Mais comment ? interrompit le sire d'Osasco. Vous ne pouvez faire marcher un seul homme d'armes sans l'autorisation de Charles!

— Je l'aurai! reprit Alberto avec assurance; il le faut à quelque prix que ce soit!

— Oui; mais l'armée n'est pas rassemblée; les corps réguliers sont disséminés à d'assez grandes distances..... Pensez-vous, messire, dit-il à Champollion, qu'une simple démonstration d'aventuriers sur le lieu de l'assemblée soit suffisante pour la prévenir, ou du moins la retarder?

— Je le crois, répondit Champollion. Mais la mission serait difficile et périlleuse.

— Qu'à cela ne tienne. Nous avons ici un ou deux Français qui seraient hommes à la tenter. Mais il faudrait les diriger et leur tracer la route.

— Je vous ai dit que je me chargeais de cela, messire; je leur tracerai le plan du chemin qui les conduira au cœur des vallées. Je les ferai même parvenir au Pra del Torno, à cette plaine célèbre enfermée dans une triple ceinture de rochers, que les Vaudois regardent comme leur arche sainte, et qui doit leur servir de dernier et d'impénétrable asile. La seule grotte du Vandalin, cet autre refuge, a échappé jusqu'ici à mes recherches, parce que deux seuls hommes en savent la route, le Maïor et le chef des Jouvenceaux.

— Eh bien! alors, nous comptons sur vous. Je cours hâter la concentration des troupes sur San Secondo et mon château d'Osasco. Pour vous, messire Alberto, votre seul souci doit être la signature du roi.

— Je vous la promets avant deux jours.

— Alors, nous pourrons frapper les grands coups. Je vais remplir les devoirs de ma charge; adieu, monseigneur, je compte vous revoir avant la nuit. Il leur serra à tous deux la main, et sortit.

— Pour moi, messire de Champollion, reprit Alberto, ma tâche est difficile, et je n'ai pas de temps à perdre. Il faut que j'aille trouver le prince, et que j'obtienne enfin de ce cerveau malade ce que je sollicite en vain depuis si long-temps, l'autorisation de poursuivre les Vaudois! Je rougis seulement d'y penser! les intérêts de l'Église, les destinées de la chrétienté, du monde entier, à la merci des caprices d'un enfant volontaire et malade! Quoi! la grande question de l'unité catholique, de la puissance infaillible du vicaire de Jésus-

Christ se discute entre deux accès de fièvre, et se règle d'après les visions d'un fou en délire Voilà où nous conduit le despotisme séculier, messire de Champollion ! tout gît en une seule tête que la maladie peut abattre ! Il est temps, messire, de substituer à ce monstre à cent têtes qui dévore l'Italie et l'Europe entière, le règne de l'Église une et indivisible, de la puissance spirituelle et temporelle, fondée sur la hiérarchie représentative des capacités intellectuelles, et conduisant d'élections en élections comme d'échelons en échelons, depuis les derniers rangs sur la terre jusqu'aux premiers rangs dans le ciel !

A ce moment, un moine souleva la tenture de la porte :

— Le très-humble frère Hiéronymo demande à vous parler, messire ; il est chargé d'une importante mission.

— Qu'il entre ! dit Alberto avec un mouvement d'impatience.

Le frère Hiéronymo entra, et s'inclina respectueusement avec une contenance assez embarrassée.

— Ah ! c'est un de nos prédicans de la croisade ! dit Alberto ; je vous reconnais, et je vous félicite de votre zèle ; de quoi s'agit-il ?

— Une de mes pénitentes, messire, m'a fait aujourd'hui une révélation.....

— Un instant ! était-ce au saint tribunal ?

— Non, messire, c'est tout autre chose. Elle m'avait chargé de vous remettre une lettre. Mais en venant vous trouver, j'ai été poursuivi par un homme d'armes ivre qui me l'a enlevée.

— Vous aviez une lettre à me remettre ?

— Mon Dieu, oui ; mais je l'ai perdue, heureusement que j'en connais le contenu.

— Hâtons-nous un peu, dit Alberto, car je suis pressé !

— J'ai au nombre de mes pénitentes une jeune et jolie femme, messire. Elle se nomme Paolina, fille et sœur d'un vassal de cette abbaye ; elle est venue me trouver ce matin après la prédication, et m'a prié de vous remettre un papier où elle vous demandait humblement de venir la voir.

— Moi ! et pourquoi ?

— Je l'ai pressée de questions à ce sujet, et voici le fait. Elle a pour amant, pardonnez-moi cette expression peu canonique, messire, un jeune homme qui se trouve être un des chefs des hérétiques. Elle l'ignorait, et moi aussi, lorsque je lui ai donné l'absolution à sa première confession. Mais il paraît que ce jeune homme, en se découvrant hier à elle, lui a fait en même temps d'étranges révélations, et confié des secrets d'une telle importance pour le salut de l'Église, qu'elle veut ne les répéter qu'à vous-même.

— Voilà qui est étrange ! — Êtes-vous sûr de cela ?

— Elle me l'a dit avec larmes et avec toutes les marques d'une grande agitation en me remettant cette lettre. — Elle m'a même nommé l'hérétique, et c'est Raymond de Pragela.

—Raymond de Pragela! s'écria Champollion; cela est surprenant !... cependant, dit-il après un moment de réflexion, beau, jeune, étourdi... cela est possible.

— Qu'en dites-vous, messire de Champollion ?

— C'est une aventure bizarre, mais qui peut être d'une haute importance... Si par le moyen de cette femme on pouvait enlever Raymond !... Cependant...

— Mais tout cela ne serait-il pas un piége ?

N'y aurait-il pas du danger à se rendre à cette invitation?

— Comment cela, messire ? repartit le père Hiéronymo avec étonnement. Je vais fréquemment chez Paolina... — Quel danger pourriez-vous y courir ?

— Avant de me décider, j'aurais besoin de connaître... mais c'est que le temps presse... Croyez-vous, messire de Champollion, que cette femme puisse avoir en effet quelque chose d'important à me communiquer ?... Peut-être relativement à la grande coalition des hérétiques !

— Peut-être en effet... — Au reste, je ne vois pas qu'il y ait de danger réel à courir, même en y rencontrant Raymond; il est trop confiant, trop loyal, trop doux pour que la moindre pensée de violence se présente à son esprit; même ce serait peut-être avantageux, car nous pourrions par adresse le circonvenir... et, au reste, si vous le jugez convenable, je vous proposerai, messire, de vous y accompagner. La connaissance que j'ai du pays et des hommes ne vous sera peut-être pas inutile. Le père Hiéronymo et quelque autre ecclésiastique pourront en outre nous suivre, et nous serions ainsi en nombre suffisant pour écarter toute crainte de surprise.

— C'est cela.—Dans notre position, nous ne devons rien négliger de ce qui peut servir notre cause. — Tenez-vous prêt, frère Hiéronymo ; je me rendrai chez votre pénitente.

Le père Hieronymo s'inclina et sortit.

— Messire de Champollion, au revoir ! Je me rends chez le prince. — Je compte avoir avec vous une nouvelle conférence ce soir.

Champollion s'inclina, et ils se séparèrent.

Peu après, Alberto, accompagné de Champollion, du père Hiéronymo, d'un frère servant et de huit serviteurs armés pour conduire sa mule et lui servir d'escorte, se dirigea vers la demeure de Paolina. La caravane arriva au carrefour du chemin des Trois-Pierres, au moment où le soleil se cachait derrière l'horizon.

— C'est beaucoup plus éloigné que je ne l'aurais cru d'après vos paroles, messire de Champollion, dit Alberto. Ne sommes-nous pas près des vallées hérétiques ?

— Non, monseigneur ; nous devrions, au pas de votre mule, marcher encore toute la nuit pour arriver à la plus rapprochée, à celle de Pérosa.

A ce moment une espèce de pâtre, qui, à moitié enseveli dans les grandes herbes, était couché sur une hauteur dominant la route, leva la tête, examina les voyageurs avec insouciance, et se recoucha. — Quand ils furent passés, il se redressa de nouveau, et à la joie féroce qui brilla dans ses petits yeux gris, au sourire satanique qui se peignit sur ses lèvres minces, il était facile de reconnaître Alphand. Il s'élança d'un bond dans la ravine derrière la route, et disparut.

L'escorte du grand-inquisiteur s'arrêta auprès du mur d'enceinte de la chaumière. Alberto allait le franchir, lorsque Champollion l'arrêta.

— Un moment, monseigneur ! Laissez-moi d'abord sonder le terrain. La prudence ne nuit jamais.

Il entra seul, la main sur la garde de son épée, parcourut le jardin, fit le tour de la maison, et revint.

— Tout est parfaitement tranquille. — Vous pouvez entrer sans crainte. — Pour vous, ajouta-t-il en s'adressant à l'escorte armée, ayez cependant l'œil au guet. — Puis Alberto, les deux moines et lui entrèrent dans la chaumière ; Paolina était à genoux devant la madone et priait avec ferveur. Au bruit qu'ils firent, elle se retourna, et se releva brusquement avec confusion; ses yeux étaient encore humides et rouges des larmes qu'elle venait de verser.

— Continuez, ma fille ! lui dit Alberto d'un ton sévère, mais cependant empreint de bienveillance; continuez. — Il n'est pas de faute qui ne puisse être effacée par le repentir.

— Ah! mon père! s'écria Paolina en retombant à genoux devant lui, je suis bien coupable! Plus encore que vous ne pouvez l'imaginer!

— Je viens ici pour sonder les plaies de votre conscience, et y apporter remède, si je puis. Dites-moi la vérité, toute la vérité.

Paolina restait à genoux sans pouvoir articuler une parole.

— Voyons, relevez-vous ; — vous pâlissez, vous tremblez ? — Reprenez vos esprits, ma fille, et que la force même de votre repentir ne vous ôte pas celle de réparer votre faute en l'avouant. — Vous voyez ! vous m'avez mandé, et je suis accouru sans retard, comme un père clément, empressé de retirer ses enfans de l'abîme du péché. — Maintenant, ma fille, je vous écoute.

— O mon père! je ne sais par où commencer,... ni que vous dire... O ma tête, ma tête se fend! ajouta-t-elle en portant avec force ses deux mains à son front. — C'est lui, lui seul qui en est cause! Il perdra à la fois mon corps et mon âme!

— De qui parlez-vous?

— De lui... de Raymond! mais, mon père, je l'espère encore, il se convertira!

— Comment l'avez-vous connu?

— Oh! je ne savais pas qu'il fût un damné! Un jour, sur le soir..., je m'étais éloignée de ma demeure; j'étais seule, quand tout à coup je vis à côté de moi...

A ce moment, on entendit des cris d'alarme à l'extérieur. Un coup violent brisa la fenêtre, et Peyre s'élança dans la salle l'épée haute.

— Le Maïor! s'écria Champollion; nous sommes trahis, nous sommes perdus!

Et se jetant sur Alberto, il le tira à lui avec force. Le grand-inquisiteur tomba et la terrible lame, passant par dessus sa tête, traversa la poitrine du frère servant debout derrière lui; puis tournant au dessus de la tête du Vaudois, elle alla, avec un horrible sifflement, frapper au milieu du visage le père Hiéronymo et lui fendit la tête jusqu'aux épaules.

— A nous! au secours! cria Champollion courant vers la porte. Mais déjà Peyre s'en était emparé.

— Il n'est plus temps de fuir! cria-t-il; nous allons solder notre compte!

Champollion pâle et troublé se mit cependant en défense avec vigueur, roulant en guise de bouclier son manteau sur son bras gauche.

— Monseigneur, dit-il au grand-inquisiteur qui s'était relevé et avait tiré un poignard de dessous sa robe, prenez un de ces escabeaux et marchons.

En ce moment on entendit les derniers cris de détresse de l'escorte qu'on égorgeait. Quelque chose vint heurter lourdement la porte et tomba en poussant un gémissement.

— Et de cinq! cria la voix aigre d'Alphand.

Champollion recula. — A la fenêtre! dit-il. Mais incapable, malgré son habileté, de lutter contre son terrible adversaire, il fut repoussé sur le mur, et sa défaite était certaine, quand tout à coup un secours inespéré arriva sur le champ de bataille.

— Qu'est ceci ? s'écria une figure enluminée qui se hissa à la fenêtre. — La femme évanouie, des moines par terre et deux Vaudois qui se battent! Parbleu! je trouve encore mieux que je n'espérais!

Et maître Claude Jehan de Chantepleure, qui se rendait à son rendez-vous d'amourette, escalada la fenêtre aussi lestement que pouvait le lui permettre son armure de chevalier. A peine eut-il mis le pied dans la salle, qu'un épouvantable coup de la lame de Peyre frappant à plomb sur son armet, le fit chanceler et tomber à genoux. Mais déjà Champollion avait repris du terrain, et Chantepleure, quoique encore tout étourdi, put se relever. L'issue du combat devenait douteuse.

— Maïor de Pérosa, dit tout à coup Champollion, nous nous battons pour un malentendu. Maintenant que nos forces sont égales, nous pourrions, ce me semble, éclaircir tout cela, et signer un traité de paix.

— Plaît-il! s'écria Chantepleure. Mais Alberto le saisit violemment par le bras. Taisez-vous! lui dit-il.

— Et quelle paix m'offrirais-tu ? dit Peyre avec hauteur.

— La plus avantageuse que tu puisses désirer : la ruine de tes ennemis.

— Peyre! cria Alphand du dehors., tu n'as pas encore fini?— Faut-il venir?

— Tout à l'heure! répondit le Vaudois. Que me proposes-tu pour racheter ta vie? demanda-t-il à Champollion.

— Cela est fort simple, répondit celui-ci avec sang-froid ; qu'as-tu voulu par cette embuscade? Rendre la guerre inévitable en massacrant le grand-inquisiteur, ou tout au moins celui qui tiendrait sa place? Eh bien! tu as réussi, car en voilà deux de morts. Quant à ce pauvre diable de moine et moi, ajoutes-y si tu veux cet aventurier français, notre existence ne fait rien à ton dessein, et d'ailleurs tu ne tiens pas encore notre tête. Tout te conseille donc d'accepter notre rançon.

— Et quelle sera-t-elle?

— La ruine inévitable de Raymond de Pragela.

Ce nom eut comme la vertu de rappeler Paolina à elle-même. Elle soupira, et reprit peu à peu ses esprits.

— Comment cela?

— Rien de plus simple. Je vais écrire devant

toi une lettre telle que tu pourras la désirer, lettre qui devra imputer à Raymond toutes les démarches que tu as faites toi-même pour amener la guerre, qui le noircira de tous les crimes que tu voudras, peu m'importe, et je lui ferai parvenir cette lettre ou tu la feras parvenir toi-même de manière à ce qu'elle tombe entre les mains d'Antony. Je n'ai pas besoin de t'en dire davantage, et déjà tu m'as compris.

— Oui, cela me suffit. A ce prix, je cesse le combat. Écris cette lettre.

— Maïor de Pérosa, j'ai foi dans ta parole.

Et il remit l'épée dans le fourreau, s'approcha de la table tachée de sang, et traça rapidement quelques lignes sur un morceau de parchemin qu'il tendit à Peyre. Celui-ci lut, et un sourire ironique vint se peindre sur sa sombre physionomie.

— C'est bien! dit-il; c'est digne de toi et de ton maître le calomniateur!

Paolina se relevait sur son séant, et essuyait de ses mains tremblantes son front baigné d'une froide sueur.

— L'ai-je rêvé! disait-elle; il y avait du sang et des cadavres! Je n'ose regarder autour de moi.

Peyre se pencha vers elle, la souleva et lui montrant Champollion :

— Vois-tu cet homme, Paolina! lui dit-il d'une voix forte, c'est le familier du grand-inquisiteur. — Et cette lettre ? — Eh bien! il te la donne, pour qu'un jour tu puisses la remettre de sa part à ton Raymond de Pragela!

Paolina écoutait avec terreur, et ses yeux fixes erraient de Peyre à Champollion.

— C'est moi qui vous la donne, mon enfant! vous vous souviendrez bien du nom de Champollion?

— Oh! oui, répliqua Paolina avec un frissonnement convulsif, je me souviendrai de cela toute ma vie!... Ah! Dieu! s'écria-t-elle; car son regard venait de rencontrer l'affreux spectacle du cadavre défiguré gisant devant elle; et elle tomba sans connaissance sur l'épaule de Peyre.

— Adieu, Maïor de Pérosa! dit Champollion.

— Au revoir! répondit ironiquement le Vaudois. Alphand et Bastia! ajouta-t-il d'une voix forte, laissez-les passer, ils ont capitulé, et je suis satisfait.

Quand Alberto et ses deux compagnons eurent franchi la porte fatale, un triste spectacle s'offrit à leurs regards. Quatre des serviteurs gisaient à la place où ils les avaient laissés, baignés dans leur sang, et une longue flèche fixée dans la poitrine. Deux autres étaient égorgés dans le jardin. Les autres avaient disparu. Deux jeunes Vaudois, l'arc détendu, et l'épée sanglante à la main, étaient debout de chaque côté de la porte.

— Allez, leur dit Alphand. Vous êtes heureux de vous en tirer ainsi; mais souvenez-vous que l'arc des montagnes fait partir deux flèches à la fois qui atteignent le but, — et il montra les cadavres étendus, — et qu'il suffit de trois fidèles pour vaincre douze idolâtres.

Alberto marcha quelque temps précipitamment en silence. Quand il fut assuré que le danger était passé, il se retourna et serra vivement le bras de Champollion :

— Messire! lui dit-il avec force, je vous dois plus que la vie! Je vous dois le pouvoir de me venger!

— Cette entrevue-là nous a été fort utile, monseigneur, repartit Champollion qui avait repris son imperturbable sang-froid. Raymond de Pragela est perdu sans retour. Je viendrai à bout de mon projet.

Alberto s'arrêta un moment, et regarda Champollion ; puis, lui posant de nouveau la main sur le bras :

— Messire de Champollion ! lui dit-il, vous êtes un homme supérieur ! Quant à vous, sire chevalier, ajouta-t-il en se tournant vers son autre compagnon, quel est votre nom ?

— Claude Jehan de Chantepleure, chevalier, capitaine au service du prince de Piémont, répliqua l'aventurier avec son aisance habituelle, et à votre service depuis une demi-heure.

— Vous êtes arrivé fort à propos, reprit Alberto, et je saurai vous en témoigner toute ma reconnaissance. Vous savez qui je suis ?

— Ma foi non. J'ai vu qu'on se battait, et je suis accouru parce que c'est mon métier... et mon goût.

— Je suis le grand-inquisiteur.

— Tant mieux, parbleu ! s'écria Chantepleure. Je croyais n'avoir sauvé qu'un goujat, et j'ai sauvé le général.

Alberto se mit à rire, et ils parvinrent ainsi sans accident jusqu'à San Secondo.

Mais le lendemain la rumeur fut grande. Le peuple avait trouvé les cadavres sanglans des deux moines et des serviteurs de l'abbaye pendus ignominieusement par les pieds aux arbres du grand chemin. — Un semblable attentat ne pouvait rester impuni, et les cris de la multitude furieuse qui demandait vengeance vinrent retentir jusqu'aux portes de San Secondo.

XII.

Une Election dans les Montagnes.

—

Le lendemain, il y avait une nombreuse et bruyante réunion de Jouvenceaux sur la montagne.—Il fallait choisir le chef pour la chasse du printemps, qui ouvrait le lendemain.

C'était le soir ; le soleil venait de cacher derrière le mont Infernet son disque étincelant. Une large raie de pourpre, brillant au dessus des glaciers à l'horizon, annonçait seule son passage. L'air était frais et pur. De grands feux allumés sur la côte commençaient à briller comme autant d'étoiles rougeâtres ; à l'entour se pressait une foule animée et joyeuse. Le large fer des épieux, la poignée d'acier des dagues étincelaient aux reflets de la flamme, et de bruyans éclats de rire, s'élevant par intervalle, retentissaient dans les rochers.

Un long cri de joie signala l'arrivée de Raymond de Pragela au milieu de ses jeunes amis. Certes, à voir leur empressement et leur allégresse, on ne pouvait douter qu'il ne fût encore élu. Les chefs de toute cette brillante jeunesse, Alias de Senssomala, Ricciardo de San Laürens, Joan de Mananda, le jeune Francisco de Piu Castello, et d'autres encore, se pressaient autour de lui, et le reconnaissaient pour leur supérieur à tous. Cependant, tandis qu'ils riaient et devisaient gaîment entre eux, Ricciardo prit le bras d'Alias, et fit signe à Joan et à Francisco. Ils s'écartèrent à quelques pas dans les buissons.

— Notre élection sera orageuse ce soir, dit-il à voix basse.

— Comment! s'écria impétueusement Alias, le plus aimable et le mieux aimé des amis de Raymond.

— Est-ce que le renard de Pérosa revient

encore dans les montagnes ? interrompit à son tour Francisco.

— Non, répondit Ricciardo ; je ne crois pas que Peyre se mette de nouveau sur les rangs. Il est trop adroit pour cela; car il sait bien qu'il échouerait infailliblement. — Mais, oubliez-vous le chef de Lucerna..... Benedict Gorrano ?

Les jeunes gens restèrent un moment silencieux.

— Cela est vrai ! dit enfin Joan. De tout temps Gorrano a désiré commander les deux vallées. Il est riche, il est fier et brave.....

— Bah ! cria Alias, qui m'aime me suive ! du courage, et les Jouvenceaux d'Angrogna ne se laisseront pas faire la loi.

— Je vous dis qu'il y aura tumulte ! reprit Ricciardo fermement. Peyre veut brouiller Raymond et Gorrano, et il y réussira. Nous aurons du bruit !

— Eh bien ! nous en aurons, voilà tout, dit Alias. Seulement, hâtons-nous.

Il les quitta sur-le-champ, et courut rassembler ses amis. Bientôt le cercle se resserra autour de Raymond, et le bruit s'apaisa peu à peu.

— Hâtons-nous, dit Francisco en tirant

Alias par le bras, et lui montrant Peyre qui montait la colline la tête haute ; voici l'orage qui approche.

— Raymond de Pragela, dit Alias à haute voix, au milieu du silence général, en s'avançant à côté de lui sur la plate-forme de gazon qui se trouvait au milieu du cercle formé par la foule, je viens te demander, au nom de mes frères d'Angrogna qui m'écoutent, si tu veux encore nous conduire, ainsi que tu l'as fait jusqu'à ce jour.

— Frères, reprit Raymond avec dignité, ce sera avec joie que je recevrai un pareil honneur. Mais sans doute il s'en trouve parmi vous de plus dignes et de plus âgés que moi.

— Il n'en est pas de plus digne, dit Joan. Tu es le seul de nous, Raymond, qui aies voyagé, qui aies vu le danger et l'ennemi de près. Tu as déjà combattu et vaincu l'idolâtre. Tu es le seul en qui j'aurai confiance.

— Et moi aussi ! cria Francisco.

Ce ne fut alors dans la foule qu'un cri général. Raymond ému tendit une main à Alias, l'autre à Joan. — Pendant ce temps, Peyre avait rencontré Gorrano.

— Je te cherchais depuis long-temps, frère,

lui dit-il. Tu sais qu'il a été convenu entre nous que les deux vallées de la plaine me suivraient. Toi seul es digne de commander à celles des montagnes. Il est ridicule qu'un étranger, qu'un Dauphinois comme ce Raymond nous fasse la loi. — Tu n'auras qu'à paraître sur les rangs pour être nommé.

— Parbleu! interrompit Gorrano.

— C'est cela même, continua Peyre avec un sourire un peu ironique, et j'y compte. Adieu, je vois Antony Vincens, et je vais lui parler.

Gorrano courut vers les Jouvenceaux d'Angrogna. Lorsqu'il entra dans le cercle, les cris avaient cessé, et tous les yeux se fixèrent sur lui.

— Frères, dit-il, les vallées de la plaine ne reconnaissent plus qu'un chef. Il est temps que celles des montagnes n'obéissent qu'à un seul. Si les Jouvenceaux d'Angrogna veulent se réunir à ceux de Lucerna, je leur fixerai le lieu du rendez-vous.

Les Jouvenceaux, un peu étonnés, se regardèrent un moment en silence.

— Nous avons déjà fixé le nôtre, dit brusquement Alias, et il n'est pas le même que le tien.

Le feu de la colère monta au visage de Gorrano.

— Oui-da!.. Et vous avez un chef?

— Sans doute! reprit Francisco avec un éclat de rire ironique; nous n'avons pas attendu l'avis de Gorrano pour le choisir.

— Qu'est-ce à dire? croyez-vous que je me laisserai insulter? Où est-il donc ce chef? qu'il se montre!

— Je ne crois pas qu'il se soit encore caché, répliqua Raymond avec hauteur. Si tu as quelque chose à lui dire, Gorrano, il est devant toi qui t'écoute.

— Qui? l'étranger? reprit Gorrano rouge de fureur. Ce n'est pas le muguet de Dauphiné, c'est le chef d'Angrogna que je demande! Je ne puis pas penser que les Jouvenceaux des montagnes aient choisi un misérable exilé pour chef. Quelles terres, quels troupeaux possède-t-il ici? De quel droit vient-il nous commander, lui, qui est trop heureux qu'on ait bien voulu le souffrir par hospitalité? Quels sont ses titres?

— Ses titres sont à son côté! répondit Raymond en frappant sur le pommeau de sa dague ; ses titres sont dans le vœu de ses concitoyens et de ses amis. Depuis quand faut-il prendre l'avis de Gorrano? Certes, je ne t'ai pas demandé ta voix. Pourquoi viens-tu de Lucerna semer ici la discorde? Je suis étranger, dis-tu? Le fils de Pragela étranger, chez les fils de ses pères! Honte soit sur toi, Gorrano Mais je ne veux plus du commandement qu'on me dénie! Je n'aurai pas surpris la voix des fidèles. Ils m'ont élu pour chef... eh bien! je renonce à cet honneur! Tu seras content, Gorrano. Ils peuvent encore une fois choisir entre nous deux.

Et il s'avança vers Gorrano au milieu du cercle.

— Frères ! s'écria Alias d'une voix tonnante, que ceux qui veulent pour chef le fils de Pragela, le vainqueur de l'idolâtre, viennent à moi!

Et il courut se ranger derrière Raymond.

— Vive le fils de Pragela! crièrent presque tous les Jouvenceaux, et en un clin d'œil Gorrano se trouva presque seul.

— Qu'attends-tu de plus ? lui demanda Raymond avec fierté. Gorrano, balbutiant de colère, portait sa main à sa dague... Alias, Ricciardo et quelques autres se jetèrent entre eux.

— Etes-vous fous? crièrent-ils. Silence, voici le Maïor!

Antony traversait la foule bruyante et agitée par la querelle. Lorsqu'il parut au milieu du groupe des chefs, son front était triste et sévère : il était suivi de Peyre et de quelques Barbas. Le silence le plus profond régna tout à coup autour de lui.

— Qu'est ceci! dit-il d'une voix sonore. N'ai-je pas entendu des cris de haine et de discorde? Des cris de haine entre des frères! Quelle pourrait en être la cause? Répondez, Raymond,... Gorrano,... Alias?

Les jeunes gens avaient la tête baissée et gardaient le silence.

— A qui faut-il donc que je m'adresse? continua le Maïor, en parcourant la foule des yeux. Ricciardo, vous êtes l'aîné, que s'est-il passé?

— Quelques paroles un peu vives pour le rendez-vous de chasse, père, répondit Ricciardo avec embarras. Voilà tout.

— Et voilà ce grave sujet de querelle! Le voilà ce grand intérêt pour lequel deux frères allaient mettre le glaive en main, et s'égorger peut-être! Grand Dieu! envoie donc l'esprit de sagesse et de concorde à tes enfans ; ils sont si faibles devant leurs ennemis! Jeunes gens! séparez-vous. Il n'y aura pas de chasse cette année.

Les Jouvenceaux retinrent à peine un murmure d'étonnement.

— Retirez-vous, reprit Antony d'une voix triste et ferme, et tenez-vous préparés aux destins que la Providence vous réserve.

Les Jouvenceaux se séparèrent aussitôt dans le plus grand étonnement et le plus grand silence. Raymond se retirait avec les autres ; Antony l'arrêta.

— Jeune homme! lui dit-il d'un ton sévère, celui qui sème discorde recueillera plus tard honte et dommage.

Raymond rougit : Barba, dit-il...

— Allez! interrompit Vincens en lui faisant signe de rejoindre ses compagnons.

Raymond s'inclina et partit. Il réfléchissait, en se rendant à la Casa, aux paroles sévères que lui avait adressées Antony. Arrivé sous le porche, il s'arrêta, et une exclamation involontaire, arrachée par ses souvenirs, lui échappa.

Auprès de lui, il crut entendre en réponse un soupir... Il tressaillit, et se retourna...

Marya était assise près de la porte, la tête penchée sur sa main. L'obscurité du soir, reposant légèrement autour d'elle, lui donnait cette forme aérienne et suave, si pleine de silence, de rêverie et d'amour.

Qu'il était ravissant ce visage de jeune fille aux rayons vaporeux du soir! qu'il était touchant ce mol abandon de sa taille gracieuse, plein de mélancolie; et ses yeux, si bleus sous leurs cils noirs, où semblait se jouer une larme, comme le ciel de nuit où commençait à scintiller l'étoile du soir!

Raymond vint s'asseoir auprès d'elle; mais elle resta immobile sans le regarder, et peut-être sans le voir. Son âme et son regard étaient ailleurs; elle errait sur le vaporeux horizon, elle se berçait dans ses souvenirs, elle se plongeait dans l'avenir demi-clair demi-voilé comme le ciel..... et son sein s'élevait, et elle soupira, et sa main se posa sur celle de Raymond, mais son regard était toujours au ciel.

— Frère, dit-elle, comme elles sont légères et blanches ces vapeurs qui s'élèvent des montagnes! comme elles rasent avec grâce les rochers! puis après, elles se perdent..... où vont-elles, frère? là-haut?.... si on pouvait les suivre!

— Les suivre! répondit Raymond qui écoutait avec émotion cette voix harmonieuse. Les suivre!.... et pourquoi?

— Pourquoi? Oh! là sans doute sont les bons anges de la vallée. Ils planent lentement sur les montagnes, inspectant nos demeures à travers les nuages avec leurs yeux brillans comme des étoiles. Là sans doute, en face de nous, dans cette blanche et légère vapeur, est le mien..... et le tien aussi sans doute....., ils nous regardent tous deux.....

Et elle se penchait sur lui comme pour mieux distinguer les formes aériennes qu'elle montrait dans le brouillard du soir.....

— Ils connaissent notre avenir, continua-t-elle; s'ils pouvaient nous le dire!

— Que nous importe de le savoir à l'avance! Le temps est si prompt à fuir! il ne nous apprendra que trop tôt notre destinée! nous sommes si bien maintenant!

— Oh que nenny! répondit Marya détournant les yeux et secouant la tête, oui, bien maintenant..... mais demain!

— Demain ! reprit Raymond avec surprise, qui t'a dit que le bonheur d'aujourd'hui ne sera pas encore celui de demain?

— Je le sens là, répondit Marya mettant sa main sur son sein qui se soulevait. Je ne sais pourquoi, mais j'ai du chagrin dans le cœur ; j'ai là quelque chose qui me prédit le malheur et la souffrance. Faible et craintive, je sens l'approche du danger, comme le chamois timide l'approche du chasseur ; je le sens à côté de moi, dans l'air qui m'entoure.

Elle se tut, et Raymond ne put s'empêcher de jeter autour de lui un regard rapide comme pour apercevoir loin, dans l'ombre croissante, ce danger sombre et menaçant comme un fantôme.

— Si tu crois le danger si proche, reprit Raymond après quelques instans de silence en serrant légèrement la main qu'elle avait laissée sur la sienne, tu vois auprès de toi un sûr et fidèle défenseur.

— Ce n'est pas moi, répondit-elle en retirant sa main, ce n'est pas moi, mais mon père qu'il te faudra défendre. Sa tête est plus précieuse que la mienne.

— L'une et l'autre le sont également pour

moi ! L'idolâtre n'approchera de vous qu'en marchant sur mon corps.

— A Dieu ne plaise ! je ne voudrais pas de la vie s'il fallait l'acheter à ce prix.

Raymond, plus ému qu'il ne l'avait jamais été, ne trouva rien à répondre.

— Mais..... folle que je suis ! ajouta Marya après quelques instans ; j'ai trop prêté l'oreille à vos discours de guerre. Je n'aurais pas dû parler de ces passagères terreurs, que la sombre tranquillité de cette soirée a fait naître, mais qui s'évanouiront sans doute avec le jour.

— Non, je te remercie, Marya. Tu accuses mes discours irréfléchis. Ce reproche sera pour moi une leçon suffisante. Je réfléchirai davantage à mes paroles avant de les prononcer, puisque je sais qu'elles peuvent troubler ton repos.

— Une semblable contrainte te sera pénible, je crois, repartit Marya avec un malin sourire ; mais je devrai t'en savoir d'autant plus de gré.

— Méchante ! s'écria Raymond, ne pouvant s'empêcher de rire.

Marya s'était levée. — Elle fit à Raymond

un signe d'adieu, traversa légèrement la salle et disparut. Raymond resta seul. Le silence et la nuit régnaient dans l'air, et le trouble dans son âme. Il sortit, fit quelques pas dans le petit bois, s'arrêta, et, s'appuyant contre le tronc noueux d'un vieux chêne, rêva profondément.

Bientôt cependant un bruit léger, un souffle de voix qui s'élevait au milieu du silence général, faible, mais proche, éveilla son attention. Il reconnut la voix énergique de Peyre.

... — J'ai vu les Barbas de Lucerna, disait-il ; je réponds de vous les amener.

Une autre voix répondit... ; mais ce ne fut qu'un son confus à l'oreille de Raymond.

— Au nombre de douze, répliqua Peyre.

Il y eut un silence, puis un léger murmure de paroles.

... — Gorrano... — Joan... — Alias... disait Peyre.

— Etourdis, mais braves et hardis, répondit avec expression une voix qui ne lui était pas inconnue.

..... — Raymond... — ce nom seul frappa son oreille ; le reste mourut dans l'air.

Peyre ajouta quelque chose avec chaleur.

La réponse ne fut qu'un murmure confus.

... — Au premier mot, reprit Peyre, toute la jeunesse me suivra. Quelques uns tenteraient en vain de résister. Je réponds de tout le val...

.... Une vingtaine d'hommes d'armes, au plus.... Le fer fera le reste.

Raymond tressaillit. Il avait peine à en croire ses oreilles... Tout à coup il entendit des pas rapides qui s'éloignaient... ce bruit le rappela à lui. Il entra précipitamment dans le bois du côté où il croyait entendre... Il n'y avait personne. Il chercha en vain, en vain le parcourut dans tous les sens... — Fatigué de ses infructueuses recherches que l'obscurité de la nuit rendait de plus en plus inutiles, il revenait vers la Casa. De loin, sur la route, il aperçut deux hommes. Il courut de ce côté en toute hâte, bien que sans espoir, et en effet il reconnut les deux Barbas qui prenaient le chemin du logis. Il les y suivit.

Les deux vieillards étaient silencieux, et conversaient entre eux par leurs regards, comme des hommes qu'agitent de grands et mystérieux projets, qu'ils se sont déjà mutuellement confiés. Egalement inquiet et agité, Raymond cherchait en lui-même à pénétrer le sens des paroles qu'il avait entendues, paroles qui semblaient recéler un mystère d'iniquité et de sang. Il sortit de la Casa le lendemain matin bien avant le lever du soleil ; et il cheminait presque au hasard, ne sachant où découvrir les êtres mystérieux qu'il voulait poursuivre, lorsque son regard, errant sur le chemin, rencontra Peyre debout contre les buissons qui bordaient le sentier. Le Maïor de Pérosa semblait attendre quelqu'un dont son impatience accusait la lenteur.

Raymond se hâta de le joindre. Peyre tressaillit en l'apercevant, et ses sourcils se froncèrent légèrement par un mouvement involontaire de dépit.

— Salut, Peyre, il est rare de te voir dans nos montagnes.

— Cela est vrai, répondit-il avec indifférence.

— Il paraît cependant que cette fois tu y restes assez long-temps, repartit Raymond avec intention.

— Comment cela ? Qu'est-ce que tu veux dire ?

— Je veux dire que déjà hier au soir tu te cachais dans le bois.

Peyre garda le silence un moment. Il cherchait à maîtriser la colère qui s'emparait de lui.

— Quel enfantillage ! et pourquoi me cacherais-je? De qui donc aurais-je eu peur, messire Raymond de Pragela?

— Tu aurais eu peur d'être entendu. Il est des discours que l'on ne tient que dans l'ombre et à voix basse.

— Qu'est-ce que tout cela veut dire ? s'écria Peyre avec impatience. Finissons ce bavardage. Que veux-tu de moi ?

— Je veux savoir pourquoi et avec qui tu te cachais dans le bois hier soir.

— Et que t'importe? répondit fièrement Peyre.

— Que m'importe! Certes il m'importe de connaître ce que tu dis à voix basse de moi et de mes amis.

— Et de quel droit, répliqua vivement Peyre, viens-tu exiger de moi le récit de mes paroles et de mes actions? Me comptes-tu déjà au nombre de tes sujets? Va faire cette demande à Joan, à Francisco, à ceux qui reconnaissent l'exilé de Pragela pour leur seigneur et maître, à ceux qui méprisent leurs aînés pour s'agenouiller devant un muguet dauphinois. Mais moi, je suis libre encore, je pense!

— Jamais je ne te laisserai libre de nous nuire. Je ne te connais que trop bien! et tandis que nous marchons au grand jour, nous n'aimons pas que d'autres se cachent dans les ténèbres.

—Peu me soucie de ce que vous pensez de moi; je n'ai pas le temps de songer à si peu de chose! et si l'un de nous deux se cache, c'est bien, si je ne me trompe, celui qui s'est fait l'espion des actions d'autrui.

—Le hasard seul, répliqua Raymond rougissant de colère, m'a fait surprendre tes trames obscures, et si tu ne veux les dérouler à mes yeux.... sur la tête de mon père! je saurai bien les couper!

Une expression indéfinissable et terrible traversa le visage pâle de Peyre. Il recula de deux pas comme pour s'élancer avec plus de force sur son adversaire, qui l'attendait la tête haute. Cependant il parut bientôt rentrer en lui-même.

—Enfantillage, s'écria-t-il; tu es un écervelé qui ne rêves que batailles, et-il faut que je sois fou pour écouter un semblable bavardage. Et il fit quelques pas comme pour s'éloigner.

— Ne crois pas m'échapper ainsi, cria Raymond. Explique-toi clairement, et sur-le-champ... ou bien!...

— Ne me presse pas trop! repartit Peyre que la colère semblait dominer de nouveau. Ne me presse pas trop! Je pourrais te faire repentir de ton insolence!

Et il jetait autour de lui de sombres regards comme pour voir s'ils étaient seuls.

— Je m'inquiète peu de tes menaces, dit Raymond fièrement, il faut que tu t'expliques, ou....

—Eh bien donc! tu le veux! s'écria Peyre avec la haine et la fureur peintes sur la figure, et se rejetant brusquement en arrière, il porta la main à son épée ; puis tout à coup il s'arrêta et tendit à Raymond sa main désarmée avec un sourire :

— De semblables bagatelles ne doivent pas brouiller deux amis, dit-il. Je ne puis te dire maintenant ce que tu me demandes, mais tu le sauras dans peu.

Raymond, surpris, allait répliquer sur un

autre ton. — Fou! lui dit Peyre à voix basse, retourne-toi, et regarde!

Raymond tourna la tête, et vit les deux Barbas à quelques pas sur le chemin.

— On peut, reprit Peyre avec calme, se quereller un peu de temps en temps; mais il faut savoir s'arrêter.

Raymond était encore tout déconcerté. Peyre lui jeta un coup d'œil ironique :

—Tu es bien troublé pour peu de chose! dit-il. Tu es encore bien jeune, mon pauvre ami!

—Qu'est-ce à dire? s'écria Vincens en jetant sur eux un regard scrutateur. Ne vois-je pas ici les traces funestes d'une querelle?

—Raymond, dit Martin à son fils, doit-on t'accuser encore de semer le trouble?

—Ce n'est rien, répondit vivement Peyre. Quelques questions seulement auxquelles je ne jugeais pas convenable de répondre, une frivole discussion. Au reste, nous commencions à être parfaitement d'accord…. Et il se hâta de changer de discours. — Je vous attendais avec impatience; car le temps marche si vite! et il nous reste tant à faire!

—Raymond, laisse-nous, dit Martin. Raymond obéit sans répondre, et ne revit son père que le soir.

Le repas fut triste. Les vieillards étaient silencieux. La sévérité était peinte sur le visage majestueux d'Antony, et de temps en temps Martin laissait tomber sur son fils un regard qui semblait un reproche.

— OEuvre de Peyre, pensa Raymond. Le souffle empoisonné de ce serpent a touché leur oreille. Mais par orgueil il gardait le silence. Et lorsque le regard plein d'inquiétude de Marya se tournait vers lui, il sentait un embarras involontaire et baissait la tête. Que dire, en effet, et comment amener une explication? Après le repas, pressé de se soustraire à cette pénible situation, il se préparait à sortir, lorsqu'Antony rompit enfin le silence.

— Reste, jeune homme, dit-il ; et il ajouta avec quelque ironie : Nous avons une nouvelle à t'apprendre.

Raymond se rassit surpris et mécontent.

— Le temps de l'hésitation et des lenteurs est passé, reprit Antony après quelques instans, et l'heure de notre départ est avancée. Le soleil doit nous trouver tous sur la route de San Joan.

Une exclamation d'étonnement échappa à Raymond.

— Jeune homme, continua le Maïor avec sévérité, je te dirais d'avertir tes compagnons, si je ne pensais qu'il n'en est plus besoin, et que sans doute tu as pris ce soin depuis longtemps.

— Moi ! s'écria Raymond ; et comment l'aurais-je pu ? tu ne m'avais pas encore parlé de ce voyage.

— Il est souvent un moyen facile de connaître les secrets d'autrui, répondit lentement Antony en jetant sur Raymond un regard pénétrant.

Le jeune homme sentit que le feu de la colère lui montait au visage.

— Je... ne comprends pas ce reproche... et je pense...

— En voilà assez, interrompit Antony en se levant et en échangeant avec Martin un coup d'œil d'intelligence.—Toi et tes Jouvenceaux, vous serez sur pied, après demain, au point du jour.

— Jamais je ne me suis fait attendre, répliqua Raymond avec quelque hauteur.

Antony sourit comme de pitié, fit signe à

Martin et à Marya de le suivre, et sortit de la salle. Raymond, resté seul, chercha à mettre un peu d'ordre dans la confusion de ses idées. Que voulaient dire les reproches d'Antony? sans doute il avait eu connaissance de sa querelle avec Peyre ; Peyre l'en avait instruit ; mais quel rapport avec ce voyage subit?

Incapable de pénétrer ce mystère, il s'élança hors de la Casa pour réunir ses compagnons. — Et il les trouva presque tous rassemblés. La nouvelle de ce voyage avait parcouru le val ils ne savaient comment, et la plupart accouraient auprès de Raymond pour chercher seulement de plus amples informations. Raymond ne put que leur indiquer l'heure et le lieu du rendez-vous. Puis il envoya ses lieutenans sur tous les points du val pour porter partout l'ordre du départ. — Il apprit que le jour même les chefs de famille et les Barbas avaient été prévenus par Antony, et qu'ainsi presque toute la population quitterait ses foyers le lendemain.

XIII.

Le Voyage.

—

Les fidèles partirent d'Angrogna au point du jour. Déjà Raymond avait été rassembler ses Jouvenceaux et former leurs rangs. Un grand nombre manquait encore. Les plus éloignés, ne pouvant arriver que beaucoup plus tard, ne devaient rejoindre les voyageurs que sur la route.

Lorsqu'il revint à la Casa, les Barbas et les chefs de famille influens y étaient réunis. Tout était prêt pour le départ, et deux serviteurs tenaient à la porte le frein de la monture destinée à Marya. La jeune fille était assise dans la salle, enveloppée dans sa mante. Lorsque Raymond s'approcha d'elle, elle lui adressa un douloureux regard.

— Voici le commencement! lui dit-elle à voix basse.

— Allons donc! Marya, répondit-il en tâchant de surmonter son agitation et simulant la gaîté.—Il ne faut pas se laisser effrayer ainsi. — Quels motifs de crainte trouves-tu dans ce voyage?

— Je te le demande à toi-même, Raymond, répliqua Marya. Tu n'es pas aussi tranquille que tu voudrais le faire croire.

— Moi!...

Mais déjà elle s'était levée, et elle sortit. La vieille Suzanna et les serviteurs d'Antony l'entourèrent; les Barbas sortirent de la Casa; les Jouvenceaux et le peuple poussèrent un cri de joie, et l'on marcha.

Il y avait un sentiment d'allégresse et d'insouciance dans ce tumulte de la foule qui se déroulait sur les flancs de la montagne. Chaque détour, chaque ravine amenait de nouveaux voyageurs, et ils s'accumulaient sur l'étroit sentier comme l'avalanche qui grossit en roulant. Cette longue colonne, de loin frémissante à l'œil et noire sur le sol blanc, se pliait avec les sinuosités du chemin, s'élevant avec lui sur les hauteurs, tournant autour des précipices, partout gaie, variée, confuse. Là, les Jouvenceaux en habits de fête, et le fer brillant des épieux; plus loin les chefs de famille, les Barbas à la démarche plus lente et plus grave; ailleurs, une mêlée sans ordre d'hommes, de femmes, d'enfans, de montures, de chariots. Une rumeur vague, mélange de voix retentissantes, s'élevait de la foule, et semblait planer sur la montagne comme une nuée de bruits et d'accens. — On eût dit un peuple entier abandonnant ses foyers pour aller chercher une plus belle patrie.

Raymond oublia un moment ses soucis au milieu de ce tumulte. Il devait diriger la marche, et il s'acquitta de ce soin avec zèle. A la main son épieu, à sa toque la plume rouge de Pragela, courant çà et là, en avant, en arrière, il avait l'œil à tout, et l'on pouvait presque voir partout à la fois le brillant épieu, la plume éclatante et la taille gracieuse du jeune chef.

Il s'arrêta un moment auprès de Marya.

— Frères, dit-il aux serviteurs, pressez le pas, ou nous ne serons jamais à San Joan avant la nuit.

Il prit la bride, et s'inclinant vers la tremblante jouvencelle :

— Pourras-tu soutenir une marche plus rapide, Marya? lui dit-il; hâterai-je ta haquenée?

— Oui, sans doute.... si ta main tient la bride.

L'accent de faiblesse et d'abattement qui régnait dans ces paroles frappa Raymond.

— Imprudent que je suis! répliqua-t-il; je n'aurais pas dû te quitter! Tu nous caches tes souffrances, et la fatigue....

Un triste sourire se dessina sur les lèvres de Marya, elle secoua la tête :

— Le mal est ailleurs, dit-elle.

— Comment! aurais-tu encore de nouveaux reproches à me faire? Et il mit son bras sur la croupe de la monture comme pour soutenir la jeune fille.

— A Dieu ne plaise! répondit Marya; puis, se baissant vers lui : Souviens-toi de ta promesse!

— Je ne l'ai pas oubliée, et je ne l'oublierai

jamais ! — mais pourquoi me la rappeler ? grâce à Dieu, le moment du danger n'est pas encore venu.

— Aujourd'hui, ou jamais ! Lorsque tu parcourais la foule, je t'ai suivi des yeux.— Et elle rougit.— J'ai reconnu plusieurs de tes amis ; où sont les autres ?

— Ils sont presque tous avec moi

— Où est Alias ? où est Peyre ? Je ne les vois pas.

— Alias va venir avec de nouveaux compagnons.

— Et Peyre ? reprit Marya : — et Peyre, où est-il ?

Raymond quitta involontairement la bride. — Je ne sais... je crois qu'il est à Pérosa.

— Pars, jeune homme, répondit Marya. — On t'attend ailleurs, et ce n'est pas ici ta place.

S'enveloppant de sa mante, elle sembla vouloir désormais garder le silence. Les deux serviteurs avaient repris la bride de la monture, et ils hâtèrent sa marche. — Raymond tourna la tête, et rencontra le regard sévère et majestueux d'Antony. Le Maïor était silencieux, et un peu éloigné des autres Barbas. Raymond crut avoir trouvé une occasion favorable pour s'expliquer avec lui, et il s'empressa de la saisir. Il s'approcha de lui, et, l'abordant franchement, mais avec respect :

— Salut, Barba, lui dit-il; voici la première fois que je puis m'entretenir librement avec toi. Il me semble encore entendre les reproches que tu m'as faits hier, et je voudrais m'en justifier, si je puis.

Antony le regarda fixement.

— Te souviens-tu de la réprimande, afin d'éviter la faute à l'avenir? — S'il en est ainsi, je te loue de ta mémoire. — Mais n'est-ce pas plutôt un orgueil de jeune homme blessé par les paroles sévères d'un vieillard? N'est-ce pas plutôt la risible colère de l'enfant qui s'impatiente lorsque la pierre l'avertit par son choc de regarder à ses pieds? — L'oubli vaudrait mieux alors qu'un pareil souvenir.

— Barba, répondit Raymond confus et rougissant un peu, tu juges trop mal de moi!

— Eh bien! que veux-tu?

— Après avoir entendu tes reproches, répliqua Raymond avec fermeté, j'ai demandé à ma conscience si je les méritais, et elle l'a nié. Maïor d'Angrogna, tu es mon juge, et j'invoque de toi justice complète. Dis l'accusation, je dirai la défense.

Antony parut étonné, et fixa quelque temps sur le jeune homme un regard sérieux.

— De semblables paroles sont graves, jeune homme, dit-il enfin, et je ne m'attendais pas à les entendre sortir de ta bouche. Je vois dans ta démarche cet orgueil propre à l'humaine nature, qui s'irrite et se courrouce à la moindre réprimande ; cet orgueil, venin transmis avec le sang, fruit de la désobéissance de notre premier père. — Mais j'y vois aussi cette intrépide constance qui ne met en oubli rien de ce qui peut souiller son âme ; et cette qualité est précieuse dans l'homme. — Ainsi, tu veux être jugé, dis-tu? Tu veux connaître la vérité simple et nue?

— Oui, car jusqu'à ce moment, tu m'avais condamné sans m'entendre.

— Eh! que m'importent les discours d'un jeune homme? Qu'aurais-je trouvé en eux? Vanité, folie. Les pensées de cet âge sont, suivant la sainte Ecriture, les songes d'un homme en délire. Tes actions me parlent mieux que toute ton éloquence d'enfant. Toi seul as servi contre toi d'accusateur et de témoin. — Ton cœur est bon, jeune homme, il renferme une foi vive et pure, un amour sincère de la vérité et de la justice. — Mais ce que nous avons condamné en toi, ce que nous condamnerons toujours, c'est cette déplorable étourderie qui ne peut enfanter que des malheurs ; c'est cette coupable indiscrétion qui met hors de tes lèvres ce que ton cœur devrait soigneusement retenir ; c'est cette frivole légèreté qui voltige d'objets en objets sans pouvoir s'arrêter sur un seul ; c'est ce furieux emportement qui a souvent armé ta main contre ton semblable et ton frère. — Voilà ce que j'ai vu en toi, Raymond ; tu as voulu le connaître, et ce désir est un indice favorable pour l'avenir.

Mais ce n'était pas là ce que Raymond demandait. — Ce que tu m'as reproché hier, Barba, répliqua-t-il...

— Je t'ai reproché hier, interrompit sévèrement Antony, ce que je te reproche maintenant, ce que je te reprocherai sans cesse jusqu'au jour où tu viendras à résipiscence : légèreté, étourderie, indiscrétion. — Mais voilà assez de discours. Je t'ai dit ma pensée ; médite, réfléchis, et tâche de devenir meilleur.

Il s'enveloppa de son manteau, et d'un pas

grave et majestueux alla rejoindre les autres Barbas, tandis que Raymond restait immobile à la même place, confus du peu de succès de sa tentative. Secouant enfin cette dangereuse apathie, et craignant les dangers de ce pélerinage, il résolut d'être prêt à tout événement. Il parcourut la foule, et sut y rétablir l'ordre et la discipline. Les Jouvenceaux armés furent réunis en deux corps. A la tête de l'un il ouvrait la marche ; l'autre, commandé par Joan, formait l'arrière-garde.

Bientôt aussi le chemin devint plus facile ; la route s'élargissait en serpentant, les rochers se couvraient de verdure et çà et là de bosquets touffus, dont les rayons du soleil couchant doraient les cimes verdoyantes. — Enfin de vertes prairies se déroulèrent devant les yeux des voyageurs en longs tapis entrecoupés de riantes demeures, d'arbres épars, de ruisseaux argentés. Des cris de joie sortirent de toutes les bouches ; bientôt cette allégresse s'accrut encore. Alias et Goirano, à la tête d'une troupe nombreuse, portant l'étendard de Lucerna, et descendant de l'autre côté des montagnes, vinrent se joindre aux pélerins d'Angrogna, et la caravane s'achemina vers la plaine. — Elle y arriva vers le soir. Les habitans de San Joan se répandirent dans la prairie, offrant à chaque voyageur l'hospitalité ; mais les Barbas seuls et les femmes acceptèrent; les Jouvenceaux campèrent dans le val, sous le ciel.

Raymond aida Marya à descendre de sa monture. En s'appuyant sur lui, elle suivait son père qui se dirigeait vers la demeure du Barba Masso de San Joan. Ils traversaient en silence des groupes nombreux d'où s'élançaient de bruyantes exclamations et de longs éclats de rire.

— Voilà le voyage fini, et la journée terminée, Marya, dit enfin Raymond, et avec elle sans doute tes craintes se sont évanouies?

— Le moment du danger n'est pas encore venu, répondit-elle sans lever la tête.

— Comment! quel danger? je t'en conjure, explique-toi. Depuis hier, je marche dans les ténèbres, allant sans savoir où je vais et pourquoi je vais ; craignant toujours sans savoir ce que je dois craindre.

L'œil brillant de Marya se fixa sur lui avec surprise.

— Je te dis la vérité, reprit Raymond, je vais comme un enfant qui suit la main qui le tire sans demander où on le mène, comme un homme qui, les yeux bandés, entendrait crier à ses oreilles qu'un précipice est sous ses pieds. Je t'en conjure, éclaire-moi si tu le peux. Que m'importe le péril, si je puis le voir en face ?

— Je m'en doutais ! s'écria Marya avec un accent de joie soudaine ; je l'aurais affirmé !

— Explique-toi, au nom du ciel, je ne puis te comprendre.

— Ecoute, reprit Marya. Je n'ai appris ce voyage soudain qu'hier dans la soirée, lorsque ton père et le mien furent de retour, et cependant le projet en était formé depuis long-temps. Mon père et le tien, quelques uns des Barbas, et surtout Peyre, conduisaient mystérieusement cette dangereuse entreprise, qui doit décider de la confédération des vallées. Cependant le prince et les inquisiteurs ont appris la résolution des fidèles. Il fallait donc que quelqu'un eût surpris, eût trahi le secret.... et l'on t'accusa.

— Moi ! s'écria Raymond avec une explosion subite d'indignation. Infâme calomniateur !

— Pour moi, jamais je ne l'ai cru. Ma douleur aurait été trop vive d'avoir un semblable reproche à te faire.

—Grâces te soient rendues! répondit Raymond avec effusion en lui prenant la main. Grâces pour cette bonne parole! Jamais, si je le puis, tu n'auras à t'en repentir!

— Ne perdons pas de temps, reprit Marya après un instant de silence. Nous sommes près de l'endroit où tu devras me quitter.

— Encore un mot, un seul mot! Mon père, comment a-t-il souffert que son fils fût accusé de trahison, sans exiger qu'il fût entendu?

—Trahison! repartit Marya, trahison! mon Dieu, qui l'eût osé songer? Tu fus seulement soupçonné d'avoir appris le secret par hasard, et de l'avoir indiscrètement répandu parmi tes compagnons.

— Dieu m'est témoin que je l'ignorais avant qu'Antony lui-même m'en eût parlé.

— Je crois en ta parole. Toutefois le secret a été divulgué; le prince et les inquisiteurs ont résolu d'empêcher à tout prix la confédération des fidèles. Peyre nous apprit hier au point du jour cette triste nouvelle.

— Peyre!.... Comment a-t-il connu la résolution des inquisiteurs?

—Je l'ignore. Je n'ai pu apprendre ce que je te dis maintenant que peu à peu, par les discours de mon père et du tien. Ils ont résolu de braver la colère du roi... Mon Dieu! quelle sera la journée de demain!

— Mais Peyre! dit Raymond ne pouvant contenir plus long-temps ses soupçons; a-t-on grande confiance en sa loyauté? J'ai entendu quelques mots...

— Ah, Raymond! interrompit Marya, comment peux-tu soupçonner...?

— Jeune homme! dit brusquement Antony.

Raymond tressaillit et leva la tête...

— Ce n'est pas ici ta place, continua le Maïor. Retourne vers tes compagnons. Tu t'es dignement conduit aujourd'hui, et j'ai vu avec satisfaction les mesures que tu as prises. Termine cette journée aussi bien que tu l'as remplie jusqu'à ce moment.

Raymond un peu confus s'inclina avec respect. Marya avait quitté son bras et pris celui de son père. Celui-ci semblait attendre pour continuer sa route que le jeune homme fût parti. Raymond s'inclina une seconde fois, et s'empressa de rejoindre ses compagnons. Il demanda si l'on avait vu Peyre.

— Je ne l'ai pas entrevu, et je m'en réjouis, répondit Francisco. Renard des basses terres vu sur la véprée annonce trahison pour le lendemain, dit le proverbe.

— Et où est Gorrano?

— Il fait le fier, là-bas, répondit Joan.

— Eh bien, qu'il y reste. Pour nous, amis, plaçons notre camp sur les rives de la Pélice, et allumons douze feux.

Chacun applaudit à cette mesure, et elle fut exécutée sur-le-champ. Le fond de la plaine et les bords de la rivière furent donc occupés par les voyageurs d'Angrogna. Gorrano et ceux qui l'accompagnaient se tinrent sur la droite, du côté de la Piza. Peyre et les siens n'arrivèrent que bien avant dans la nuit, et s'établissant près de la demeure de Masso, enveloppèrent le village.

XIV.

L'Assemblée.

—

Les premiers rayons du jour répandirent sur la plaine San Joan le mouvement et la vie, et découvrirent aux yeux un spectacle pittoresque. — A l'horizon, sur un ciel d'azur, se détachaient ces belles collines si célèbres dans toutes les vallées, avec leurs blanches demeures, leurs arbres verdoyans, leurs vignes qui s'y suspendent en gracieux festons, en berceaux élevés, en riantes allées. — Dans la prairie, sur le gazon étincelant de rosée, s'agitait la foule des fidèles. Les trois camps des Jouvenceaux s'étaient rapprochés et formaient comme une ceinture mobile et brillante d'armes et de plumes qui entourait une troupe confuse d'hommes, de femmes et d'enfans. Le bruit tumultueux qui s'élevait de cette multitude avec la légère fumée des feux à demi éteints, le sentiment d'insouciance et de gaîté qui semblait présider à cette réunion, tout annonçait une fête. Les rangs serrés et silencieux des Jouvenceaux de Pérosa, qui serpentaient le long des maisons du village, indiquaient seuls encore par leur contenance hautaine et sombre que de graves intérêts allaient s'agiter dans cette plaine.

Les Barbas et les Régidors des différentes vallées conféraient entre eux encore dans la demeure de Masso. Profitant de cet intervalle, Raymond et les Jouvenceaux d'Angrogna élevèrent gaîment au milieu de la prairie, d'après l'ordre qu'ils en avaient reçu d'Antony, une plate-forme de pierres recouvertes de gazon. Là devaient se placer les Barbas, et tout auprès les chefs de famille. Les Jouvenceaux se rangèrent à l'entour, et le reste de la prairie fut abandonné à la foule. Mais cette ordonnance ne fut pas toujours observée, et souvent les rangs se confondirent. — Les jeunes chefs qui devaient représenter dans cette cérémonie l'armée permanente des Jouvenceaux, se placèrent au pied de la plate-forme, et Raymond qui se trouvait là le premier, monta sur les marches.

Alors les Barbas s'avancèrent au milieu de la foule qui s'ouvrit respectueusement à leur approche. Antony Vincens marchait le premier, ayant Martin à sa droite. Derrière les Barbas, Peyre, l'épieu à la main, à la tête des pèlerins de Pérosa, fermait la marche. En arrivant, il jeta un regard rapide autour de lui, et vit avec dépit Raymond occuper la place qu'il croyait être appelé à remplir. Mais, d'un geste, il arrêta les Jouvenceaux qui le suivaient, les rangea comme une masse compacte au pied de la plate-forme, et monta lui-même sur les marches, en face et un peu au dessus de Raymond. Gorrano se plaça derrière, puis Alphand, et auprès de Raymond, les chefs d'Angrogna, Joan, Alias, Francisco, Ricciardo et les autres. — Alors Antony, debout, s'écria d'une voix ferme et sonore qui retentit sur toute la plaine :

— O vous, petit nombre de fidèles que Dieu avait prédestinés de toute éternité pour être à jamais les conservateurs de sa doctrine ; vous que la terre ne connaît que sous le nom de Vaudois, mais que le Créateur reconnaîtra au jour du jugement comme seuls dignes de celui de chrétiens, prêtez l'oreille aux conseils de la sagesse, et suivez d'un cœur docile les nouveaux préceptes que Dieu vient de transmettre à son peuple.

Les siècles ont vu des hommes marqués de Dieu pour annoncer la vérité aux nations ; troupe faible de nombre, mais forte de la volonté divine ; persécutée par les hommes, mais suivant avec constance la voie du Seigneur au milieu des tortures, et semant la sainte parole. Le grain n'est pas tombé sur une terre stérile. Il a fructifié et les nations ont cru.

Mais ce qui a été semé dans l'ombre doit se recueillir au grand jour. L'instant est venu de lever la tête, et d'être justes devant les hommes aussi bien que devant Dieu.

Car, ne vous y trompez pas, mes enfans! l'idolâtrie n'a pas fermé les yeux. La lumière enfermée dans nos montagnes a jailli malgré le voile dont nous voulions la couvrir, et elle a blessé ses regards impies. L'idolâtrie a craint de voir son culte abandonné, ses autels détruits, ses ministres punis à leur tour pour avoir versé le sang des martyrs, et elle va tenter contre l'arche sainte un grand et dernier effort.

Elevons donc tous nos bras pour la soutenir cette arche sainte, ô mes enfans ! divisés, nous sommes faibles ; réunis, nous serons nombreux et puissans. Rassemblons-nous donc sur la terre comme nous le serons un jour dans la céleste Jérusalem. Là, nous ne formerons plus qu'un seul peuple, celui des justes et des élus ; n'en formons plus qu'un seul dès aujourd'hui. A une même attaque, il ne faut qu'une même défense. — Enfans, voici la force, voici la loi, voici la parole du Seigneur ! Un seul Dieu, une seule croyance, un seul peuple, une seule armée !

Une acclamation unanime couvrit toute la plaine, et le silence se rétablit aussitôt.

— Fidèles, reprit Antony, nous allons proclamer les bases de cette utile et sainte alliance. Nous allons lever, aux yeux étonnés du monde, l'étendard solennel de l'unité et de la foi. — O Dieu ! ajouta-t-il en levant les yeux et les mains au ciel, c'est en ta miséricorde que nous mettons toute notre confiance, c'est en toi seul que résident notre force et nos succès. Soutiens-nous dans ce pénible labeur, et trace-nous la voie dans laquelle, impatiens de toute servitude terrestre, nous allons nous engager en ton nom !

Il se tut, comme absorbé par la contemplation céleste. Toute l'assemblée plongée dans un religieux silence semblait attendre l'inspiration du Saint-Esprit.

A ce moment, à l'extrémité de la vallée, un bruit, d'abord faible, bientôt plus fort, bientôt véritable tumulte, vint troubler le recueillement général. — Une troupe de cavaliers couverts d'armes brillantes avançait au grand trot au milieu de la foule qui s'ouvrait en désordre à leur approche. Ils arrivèrent ainsi jusqu'aux lignes des Jouvenceaux, qui les arrêtèrent et les repoussèrent violemment. — C'est au nom de très-haut et très-puissant prince Charles de Piémont et de Savoie ! cria celui qui se trouvait à la tête. — Arrière, manans ! laissez le chemin libre !

Le premier regard de Raymond se dirigea sur les cavaliers, et le second sur Marya qui, pâle et défaite, était debout au bas de la plate-forme, appuyée sur la fidèle Suzanna.—Aussitôt il tira son épée et s'élançant vers les étrangers que retenaient Alias et les siens :

— Laissez passer le chef! cria-t-il ; voyons de quel droit il vient troubler nos cérémonies sacrées ; écoutons ce qu'il veut de nous.

Peyre était resté immobile, fièrement appuyé sur son épieu. Le capitaine, qui n'était autre que notre ami Sacquet, sauta légèrement de son cheval. Il ne paraissait nullement troublé, et monta d'un pas ferme sur la plate-forme.

— Que viens-tu faire ici? lui demanda Vincens avec majesté.

— Vous annoncer la volonté de Charles, mon maître et le vôtre, répondit Sacquet d'une voix assurée. Vous tous, sujets et vassaux du prince de Piémont, ajouta-t-il en se tournant vers l'assemblée, écoutez les ordres de votre gracieux souverain. — Puis, déployant une large feuille de parchemin, il lut un décret de la teneur suivante :

« Charles, duc de Savoie, prince de Piémont, roi de Chypre et de Jérusalem, à nos amés et féaux sujets des vals de Pérosa, Lucerna, San-Martino, Angrogna et autres lieux, savoir faisons :

» Ayant appris que plusieurs d'entre nos amés sujets avaient formé dessein de rompre les liens qui les attachaient à notre sainte mère l'Église, et de porter atteinte à la fidélité requise et jurée à nous leur souverain, en choisissant chefs et gouverneurs non approuvés et délégués par nous, avons, après grande et mûre délibération, et pour obvier à tels criminels desseins, de notre certaine science, gré spécial, pleine puissance et autorité princière et ducale, voulu et ordonné, voulons et ordonnons par les présentes, que toute réunion et assemblée soit défendue, que bulles et délégations apostoliques soient respectées, qu'autres chefs et gouvernemens ne soient nommés que par ordre émané de notre couronne, sous peine d'encourir notre colère et justice, et châtimens de confiscation, emprisonnement, exil ou torture jusqu'à ce que mort s'ensuive. Et s'il avait été outrepassé avant ce jour à quelques uns de ces actes dans l'ignorance de nos intentions, avons de notre pleine puissance, certaine science, autorité ducale, princière et royale, aboli et abolissons, mis et mettons au néant tels actes par les présentes.

» Car ainsi nous plaît-il être fait. Mandons

en outre et commandons à tous nos justiciers, officiers et sujets commis et députés d'assurer l'exécution de ces présentes et de se faire obéir.

» Donné à Pignerol, le 7ᵉ d'avril mil quatre cent quatre-vingt-huit. »

Adonc, je somme, ajouta le capitaine, au nom de leur prince et souverain Charles prince de Piémont, les individus ici réunis de se séparer sur-le-champ, sous peine d'encourir les châtimens dus à leur rébellion.

Un long murmure d'indignation répondit à cette sommation hardie.

— Par les Saints Anges ! s'écria Raymond, une telle insolence ne restera pas impunie !

Les Jouvenceaux, animés du même sentiment, agitaient leurs épieux avec fureur. Le tumulte se propagea, s'accrut rapidement, et bientôt une bruyante explosion de cris et de menaces remplit la vallée. Le capitaine se troubla malgré sa hardiesse, et jeta autour de lui des regards inquiets.

Mais Antony s'avança sur le bord de la plateforme : — Silence, jeune homme ! dit-il sévèrement à Raymond, — silence ! cria-t-il plus fortement encore en s'adressant à l'assemblée.

Sa voix sonore domina le tumulte, et l'apaisa aussitôt.

— Ce ne sont pas de vains murmures, ajouta-t-il, qu'il nous faut aujourd'hui ! Croyez-vous que vos clameurs voleront au-delà du Clusone, et pénétreront jusqu'au palais de Pignerol ? Non ! c'est avec calme et fermeté que nous devons apprendre à Charles la volonté du peuple. Réglons donc les articles de notre croyance et de notre gouvernement, comme notre conscience et Dieu l'ordonnent. Et toi, adressa-t-il au capitaine, écoute et regarde pour aller redire à ton suzerain comment agit le peuple des montagnes.

Une acclamation générale, puis un profond silence suivirent ces paroles.

— Peuple, reprit Vincens, voici les articles de croyance tels que, sous l'influence immédiate de l'Esprit-Saint, vos Barbas les ont réglés.

1. Tous ceux qui ont été et seront sauvés ont été élus de Dieu avant la constitution du monde.

2. Quiconque établit le franc arbitre, dénie entièrement la prédestination et la grâce de Dieu.

3. Nulle œuvre ne peut être appelée bonne,

sinon celle commandée de Dieu, et nulle œuvre n'est mauvaise à moins qu'il ne la défende.

4. Le Barba peut seul juger du mérite et du démérite des actions ; à lui seul appartient châtiment et récompense.

6. Celui qui défend le mariage pour homme de quelque condition et qualité qu'il soit, enseigne la doctrine du Démon.

7. Le Chrétien ne doit connaître que deux sacremens : le Baptême et l'Eucharistie (1).

. — Enfans du Très-Haut, continua-t-il d'une voix tonnante, voilà la saine doctrine, la véritable arche d'alliance entre le Créateur et sa créature, source éternelle d'une éternelle félicité ! Acceptez ce don d'en haut ; promettez devant Dieu et devant les hommes d'être fidèles à cette loi pure, à cette loi sainte, et vos promesses inscrites dans le ciel seront pour vous un gage assuré de salut et de rédemption !

L'assemblée, fortement agitée, ondulait comme les flots de la mer. On ne pouvait saisir qu'un seul accent formé par tant de voix di-

(1) On a supprimé ici un grand nombre d'articles moins importans comme dogme. On peut les retrouver dans Perrin, Boyer, etc.

verses et confuses ; les uns levaient les mains, les autres agitaient leurs toques, leurs épieux.— Raymond, transporté, s'élança sur la plate-forme :

— Moi, s'écria-t-il avec énergie, moi qui ai vu l'idolâtre égorger ma famille entière pour l'observance de ces saintes lois, qui seul ai survécu au massacre de mes frères ; dût le glaive acéré des assassins se tourner de nouveau contre ma poitrine, je jure et je promets de rester fidèle à la foi, au prix même de ma vie, seul bien qui me reste sur la terre d'exil !

Les cris redoublèrent, le tumulte fut à son comble. L'enthousiasme des Jouvenceaux d'Angrogna ne se peut décrire, et le bruit couvrit la voix de Peyre, quand il voulut parler à son tour.

— Nous le promettons !... — Oui, nous le promettons. — Vivre et mourir libres et fidèles ! — s'élançait de toutes les bouches.

Antony, des larmes de joie dans les yeux, regarda Sacquet qui paraissait lui-même presque entraîné par l'impétueux transport de la multitude. — Quand l'agitation fut un peu calmée :

— Mes enfans, dit le Maïor d'une voix émue, le ciel vous a entendus.

Les chefs de famille s'avancèrent ensuite pour accepter et jurer les articles. Puis, quand tout fut terminé : — Retourne maintenant vers Charles de Piémont, dit Antony à Sacquet, et rapporte-lui ce que tu as vu et entendu. Cela lui suffira sans doute.

— Barba, répondit le capitaine avec une expression de respect combattu par le ton de légèreté qui lui semblait habituel, cette commission n'est parbleu pas aussi facile que tu le penses. Monseigneur de Piémont croira que la surprise et la peur m'avaient fasciné les yeux et les oreilles ; et m'en retourner seul serait dangereux pour vous et pour moi. Il vaudrait mieux qu'un de vous vînt présenter vos articles de foi et une humble supplique à notre gracieux souverain. — J'avoue que pour un Barba cette mission pourrait devenir périlleuse ; mais un de ces jeunes gens n'aurait rien à craindre, et chacun d'eux, je crois, est capable de porter un rouleau de parchemin. — Au reste, je répondrai de lui, foi de chevalier !

— L'exilé de Pragela a eu l'avantage sur moi pour le serment, dit Peyre en se penchant vers

Alphand, et parlant d'une voix basse mais distincte qui frappa l'oreille de Raymond.—Mais, maintenant cette mission m'appartient.

La physionomie d'Antony s'était obscurcie à la proposition du capitaine. Il promena quelque temps en silence ses regards sur les Jouvenceaux, dont la plupart, la tête baissée, témoignaient par cette attitude peu d'empressement pour se présenter.

— Qui veut se rendre à la cour de Charles de Piémont? demanda-t-il enfin.

Peyre fit un mouvement comme pour répondre.

— Moi! s'écria Raymond. — Un murmure flatteur d'approbation circula dans la foule.

— Bien, bien! dit le capitaine, qui considérait attentivement Raymond depuis quelque temps. — Tenons-nous-en là. Je ne pourrai trouver un meilleur compagnon que ce jeune homme.

— Je sais, dit Raymond, que cette mission est périlleuse; j'aurai peut-être à supporter la colère du prince irrité contre nous; mais vous m'avez accueilli dans mon infortune, et il est temps que je paie ma dette par mes services.

Antony lui tendit la main avec bienveillance.

— Je pense, interrompit Peyre, qu'un habitant du Dauphiné ne peut représenter, auprès de Charles de Piémont, les habitans des vallées de Piémont. Je réclame pour aller à Pignerol.

— Cela n'est plus possible, répondit Antony. Le choix des fidèles est fait. Si Raymond est du val de Pragela, c'est une raison de plus en sa faveur. Sujet du roi de France, il sera en sûreté à la cour de Piémont. Il est notre frère, et cependant Charles ne pourra le considérer comme un rebelle. Toi, au contraire, tu es Maïor, et nous avons besoin de toi ici.

Peyre s'inclina avec respect, mais au travers de la feinte expression de son déplaisir on vit briller comme un éclair, un coup d'œil de satisfaction ironique qu'il lança sur Raymond.

— Fidèles, dit Antony, que la paix et la concorde soient avec vous!

Et il descendit, suivi des Barbas et tenant Raymond par la main. La multitude s'ouvrit respectueusement devant eux avec de joyeuses acclamations. — Puis elle se répandit dans la plaine. — Les uns s'asseyant sous la feuillée songèrent au repas, et les autres au départ; quelques uns, groupés autour des hommes d'armes, les examinaient avec curiosité. — La plupart, debout encore dans la prairie, devisaient vivement entre eux des événemēns du jour, tandis que dans la demeure du Barba Masso, Antony et les chefs écrivaient une respectueuse mais énergique protestation contre la volonté tyrannique du prince et y souscrivaient les articles de foi qu'ils le priaient d'approuver. Ensuite, ils remirent le tout à Raymond, l'instruisirent de ses devoirs, et l'exhortèrent à la fermeté, et surtout à la prudence. Martin voulait aussi l'encourager, mais les larmes brillaient dans ses yeux, et il ne put ouvrir les lèvres.

— Barba, dit Sacquet s'apercevant de sa peine, vous n'avez rien à craindre pour votre fils. Tant qu'il m'accompagnera comme député, je serai chargé de le défendre, et par conséquent il est en sûreté. J'aime les braves gens à la folie, et j'ai appris à mes dépens, à l'auberge de Fenestrelles, qu'il est aussi brave que beau.

A ce moment Antony s'approcha.

—Envoyé, quand comptes-tu partir?

—Par la Passion du Sauveur! répondit Sacquet, je me soucie peu, Barba, de parcourir de nouveau le maudit chemin que j'ai pris pour venir. Le torrent gonflé par la fonte des neiges avait inondé la plaine..... Je te dirai même en confidence que les paysans nous regardaient de mauvais œil, et je craindrais d'être obligé de livrer bataille en m'en retournant; je crois que cela ne disposerait pas Charles à la clémence.

—Que veux-tu que je fasse ? repartit Antony avec sang-froid.

—Demeurez-vous ici ?

—Non; nous retournons en Angrogna ce soir.

—Excellent, pardieu! je ferai, si vous voulez bien le permettre, une partie de la route avec vous, et je me rendrai ensuite d'Angrogna à Pignerol, avec mon jeune compagnon pour guide.

—Qu'il en soit ainsi, si tu le veux.

Dans ce moment Peyre entra. — Quand pars-tu? demanda-t-il à Raymond.

— Demain ; nous nous rendons d'abord en Angrogna, où le capitaine vient avec nous.

—Lui! l'envoyé! s'écria Peyre avec surprise. Antony le sait-il?

—C'est Antony lui-même qui l'a voulu.

—Imprudence! repartit Peyre frappant du pied ; inconcevable imprudence !

Traversant rapidement la salle, il s'approcha d'Antony et le tira à l'écart.

— Barba, lui dit-il, tu as oublié ta prudence ordinaire ; comment as-tu permis à cet échappé de Pignerol, à ce suppôt de l'inquisition, de pénétrer dans les défilés de nos montagnes ?

— Le Pelice était débordé, a-t-il prétendu, répondit Antony avec sang-froid. — Et de plus il craignait des insultes sur la route.

— Vains prétextes ! il a voulu reconnaître le pays, je te l'assure ; mais il n'est pas encore parti, et si tu permets qu'il vienne avec moi.....

— J'ai promis, interrompit Antony avec fermeté. — Peyre s'inclina et sortit sans ajouter un seul mot.

Il joignit en toute hâte ses compagnons, les rassembla, et, se mettant à leur tête, quitta le val San Joan. — De son côté, Raymond reprenait avec ses Jouvenceaux la route d'Angrogna. Sacquet marchait auprès d'eux, et excitait en riant leurs saillies. Il écoutait attentivement leurs discours, adressait souvent des questions aux plus étourdis. Les hauts rochers della Torre, les montagnes qui entouraient le Pra del Torno, sanctuaire d'Angrogna, attiraient surtout ses regards. Obligé de marcher à pied, et traînant avec peine son cheval derrière lui, il s'arrêtait souvent et semblait graver dans sa mémoire chaque route et chaque sentier.

— En avant, noble homme d'armes ! lui criaient les jeunes gens en le raillant; que dites-vous des prairies et des promenades d'Angrogna ? Sacquet répondait en riant, et bientôt il eut le renom de bon et jovial compagnon, quoique idolâtre. Ils le crurent peut-être trop aisément, et s'abandonnèrent trop à discourir sur les rudes chemins du val. Souvent, tandis que la bouche de Sacquet riait et plaisantait, son front devenait sérieux, et ses sourcils se fronçaient fortement comme pour saisir chaque parole.

Enfin, ils arrivèrent à la Casa. Les ombres de la nuit commençaient à se répandre sur les montagnes. Malgré la halte qu'ils avaient faite, chaque voyageur soupirait après l'instant où il reverrait sa demeure. Il ne restait déjà plus que les Jouvenceaux armés, Martin, Antony et sa suite, Sacquet et son escorte. Celui-ci devait passer la nuit dans la demeure du Maïor, et Raymond, par mesure de prudence, faisait camper autour de la Casa les Jouvenceaux qui l'avaient suivi. Il régnait alors parmi eux ce silence qui accompagne ordinairement la fin d'un voyage pénible ; silence que favorisait encore l'approche de la nuit.

Raymond aida Marya, pâle et abattue d'inquiétude autant que de fatigue, à descendre de sa monture.

— Marya, lui dit-il, tes craintes n'étaient malheureusement que trop bien fondées. Mais je te l'avais promis, et je n'ai rien négligé pour le salut commun. Demain,... au point du jour... je serai sur la route de Pignerol. Je ne te reverrai plus sans doute... Ainsi, Marya.... il le faut,... je dois te faire mes adieux maintenant.

L'émotion qui oppressait son cœur arrêtait les paroles sur ses lèvres. Marya, silencieuse, les yeux baissés, semblait hésiter. Sans regarder Raymond, elle lui dit à voix basse :

— Tu me feras tes adieux ce soir.... à la porte, sur le jardin.

Raymond, surpris, s'arrêta sans répondre. Ils étaient arrivés. Marya entra rapidement, et le laissa seul.

Cette seule parole l'avait rempli d'étonnement, de trouble et de plaisir. Il n'osait interroger les idées confuses qui se heurtaient dans sa tête, qui faisaient battre son cœur. Son impatience aurait voulu hâter le moment désiré de cette entrevue, et cependant une sorte de crainte venait le saisir à cette pensée. Il tremblait sans savoir pourquoi, et redoutait l'instant qu'il appelait en même temps de tous ses vœux. Dès qu'il fut libre, il s'élança dans le jardin, et attendit la jeune fille.

La nuit était close. Pas une étoile au ciel; pas un souffle dans l'air; pas un bruit sur terre; tout était calme et sombre. Les reflets lointains des feux allumés dans le bois par les Jouvenceaux, dessinaient seulement les formes bizarres et fantastiques des arbres.

En proie à toutes les inquiétudes, à tous les désirs de l'attente, il demeurait immobile, appuyé contre le tronc noueux d'un châtaignier, les yeux fixés sur cette porte qui allait s'ouvrir et laisser sortir sa bien-aimée... Enfin un léger bruit se fit entendre, la porte s'entr'ouvrit lentement, et la robe blanche de Marya parut sur le seuil comme une ombre aérienne.

Raymond s'avança rapidement vers elle.

—Oh! c'est toi, lui dit-il; sois la bien venue!

—Chut! répondit Marya; éloignons-nous un peu; on pourrait nous entendre.

Ils s'écartèrent de la maison, et s'avancèrent lentement sous les arbres. La jeune fille semblait triste et abattue. Raymond aurait voulu, pour la soutenir, enlacer sa taille de son bras. Un mouvement involontaire le poussait; le respect le retint. Il la suivit, en se contentant de fixer sur elle son avide regard.

Marya s'assit enfin au pied d'un mélèze, et là, la tête penchée, les bras languissamment appuyés sur ses genoux, elle resta en silence.

—Tu es triste, Marya, lui dit enfin Raymond; dis-moi, je t'en prie, si j'en suis digne, d'où te vient cette peine! As-tu peut-être quelque chose d'affligeant à m'annoncer? Parle. Je pourrai tout entendre de ta bouche.

—Je n'aurais pas hasardé une semblable démarche, répondit-elle d'une voix faible, si je n'avais cru que je pourrais écarter le péril qui te menace.

—Toi, douce amie!...

—Ecoute, et laisse-moi parler. Les momens nous sont chers, et il n'est pas bien à moi d'être ici. Tu as promis d'aller à Pignerol conjurer la colère du prince... Et moi aussi, dans le premier instant, j'ai applaudi à ton courage, sans penser au danger que tu devais courir. Ç'a été pour moi un moment de joie et de bonheur que celui où, dans le silence et la crainte de tous, toi seul tu as donné l'exemple du dévouement et de la fidélité,... Mais il n'en est pas de même maintenant!

Raymond, comme fasciné par le son de cette voix chérie, s'était insensiblement rapproché d'elle. — Quoi! dit-il d'une voix que l'émotion rendait tremblante, qu'y a-t-il donc de changé maintenant? Il m'était si doux d'entendre mon éloge de ta bouche!

—Ce n'est pas déplaisir, c'est crainte; si tu savais ce que j'ai appris depuis!... Ecoute! continua-t-elle en passant sa main sur le bras de Raymond qui frémit de plaisir. — J'avais quitté la plate-forme, et, accompagnée de Suzanna, je tâchais avec un long détour pour éviter la foule, de regagner la demeure de Masso. La fatigue, et peut-être... l'émotion que j'avais éprouvée... m'obligèrent à m'asseoir auprès d'un tertre de gazon. Derrière cette hauteur, Peyre et Alphand causaient ensemble et j'ai entendu leurs discours!...

—Eh bien, achève, je t'en prie!

—Leurs paroles sont là! reprit Marya en mettant la main sur son cœur. Alphand reprochait à Peyre de s'être laissé devancer par toi deux fois de suite. Tu as trop attendu, disait-il, et l'étranger t'a enlevé cette belle mission.

—Belle? répondit Peyre avec son expression de froide ironie; tu aurais donc, toi aussi, donné dans le piége? J'étais certain que ce jeune étourneau, que ses malheurs n'ont pas rendu sage, s'y engluerait aussitôt. Sois bien persuadé, mon ami, que je ne désire nullement aller me jeter dans les griffes des inquisiteurs. Je les connais trop bien! et dorénavant, je ne crains plus de rencontrer cet étourdi sur mon chemin. Une semblable trahison me fit horreur; je retrouvai assez de force pour fuir et dérober mes oreilles à ces hideuses confidences.

— Oh! je te remercie, dit Raymond d'une voix altérée, je te remercie de ta pitié pour moi!

—Raymond! reprit Marya après un instant de silence, et en posant de nouveau sa main sur le bras du jeune homme.—Raymond! maintenant que tu connais le sort qui t'attend à la cour de Charles; Raymond!... iras-tu à Pignerol?

Il y avait quelque chose de si doux, de si insinuant dans le son de sa voix, que Raymond tressaillit. Il était sur le point d'embrasser ses genoux... Il la regarda... pâlit... baissa la tête.

— J'irai, dit-il après un moment de silence. Je l'ai promis.

— Et ton père? reprit Marya d'une voix tremblante, — et....

Elle ne put achever; — Raymond était à ses genoux.

— Oui, c'est toi, douce amie, oui, c'est toi, lui dit-il d'une voix étouffée, que je regretterai sur terre, si Dieu dispose de moi! — Oh! ne crains rien! ne tremble pas ainsi! ajouta-t-il en retenant la main qu'il avait saisie et qu'elle cherchait vainement à retirer. — Je veux seulement renouveler ici, devant toi, devant le ciel, le serment que j'avais fait de te consacrer ma vie! Reçois ce peu de jours qui me restent! Ton souvenir les remplira désormais tout entiers.... Ton souvenir! car je vais te faire mes adieux... et peut-être des adieux éternels! Entends-tu, Marya! — Accepte mon âme, aussi pure que la tienne; ah! je t'en conjure, ne refuse pas ce dernier gage du chaste amour que je t'avais juré!

— Oh! non, non, interrompit Marya ; tais-toi, Raymond, tais-toi ! Je ne puis entendre cette parole; je ne puis te voir ainsi. Ne me force pas de regretter tes adieux en les souillant d'un criminel souvenir.... Tes adieux! ah! laisse-moi au moins encore l'espérance de te revoir! Dieu ne sera-t-il pas avec toi? Il te protégera, j'en suis sûre !

— Marya ! repartit Raymond enivré par le son de sa voix, par ce soufle d'amour qui semblait rayonner autour d'elle, et qu'il respirait avec son haleine : — Marya! je ne puis te quitter ainsi ! Tu es ma vie, vois-tu, mon bonheur, mon Dieu!... et il l'attirait involontairement vers lui.

— Raymond ! interrompit Marya d'un ton sévère, quoique d'une voix tremblante : — Tu blasphèmes! me forceras-tu de te haïr au moment de te perdre peut-être, et de te perdre sans regret, parce que j'aurai cessé de t'estimer ?

Raymond, accablé, laissa retomber ses bras avec douleur, et resta là tête baissée sans oser ouvrir la bouche.

— Écoute, reprit Marya avec douceur, console-toi, et prends confiance en Dieu;

c'est lui seul, tu le sais, que tu peux aimer encore ; c'est lui seul qui peut sans crime penser à toi avec tendresse, et te protéger dans cette vie.

— Oui, mais il peut m'éprouver, répondit Raymond après un moment de silence ; il peut laisser tomber sur ma tête de longs déplaisirs, de longues souffrances. Alors, ton souvenir sera là pour ranimer mon âme épuisée, pour la faire songer délicieusement aux momens de bonheur et de paix que j'ai passés près de toi. Oh ! cette pensée ne peut être coupable, car elle est chaste et pure, Marya, pure comme ton âme ! — Marya ! tu ne peux me le défendre ! Ecoute ma prière ! Il me serait si doux d'avoir avec moi un gage qui te représentât à ma pensée, comme un rayon d'amour et de bonheur au milieu de mes ennuis !

Il se tut, car il sentit que sa voix et les larmes qu'il allait répandre se refoulaient sur son cœur. Il attendit, dans cet espoir accablant qui ne permet que le silence, et dont toute l'éloquence est dans le regard.

— Je ne puis te refuser, dit Marya en se levant, un gage d'adieu. — Suis-moi, et en silence.

Arrivée à la porte de sa chambrette, elle lui fit signe de l'attendre, puis reparut bientôt, et lui remit ce gage désiré. Raymond le reçut avec respect, et, saisissant en même temps la jolie main qui le lui présentait, la pressa avidement contre ses lèvres. Marya tourna la tête avec émotion, retira sa main, et le laissa seul, sans qu'il eût osé la retenir davantage. Epuisé par la violence de ses sensations, il fut obligé de chercher un appui. L'impression de ce premier baiser, presque ravi sur la main de son amie, avait comme anéanti ses sens et son âme. A peine revenu de cette espèce d'ivresse, il jeta les yeux sur le don de Marya. C'était un riche ceinturon, élégamment brodé. — Il crut même le reconnaître, et s'empressa d'y ajuster son épée, qui y avait déjà été suspendue une fois.

—Puis il courut rejoindre ses compagnons. Malgré le trouble qui régnait dans son âme, il finit par céder à la fatigue de cette journée, et, couché sous les arbres du petit bois, s'endormit d'un profond sommeil.

XV.

Monseigneur Charles de Piémont et de Savoie, roi de Chypre et de Jérusalem.

—

Or, en l'abbaye de San Secondo, auprès de Pignerol, se trouvait une belle et vaste salle, — et dans cette salle, monseigneur Charles de Piémont et de Savoie, roi de Chypre et de Jérusalem. Tourmenté de douleurs aiguës, il s'était retiré dans ce couvent pour respirer l'air pur des montagnes, et recouvrer la santé; — mais il n'en devait plus sortir.

La raison de monseigneur le roi était au reste encore plus malade que son corps. Tantôt faible et languissant, il n'avait plus ni énergie, ni volonté ; tantôt se réveillant comme d'un profond sommeil, aigri qu'il était par ses longues souffrances, il fallait que tout pliât devant ses caprices, même le soudan de Babylone, injuste détenteur du royaume de Jérusalem, dont Charles venait d'hériter par sa tante ! Charles avait écrit au mécréant une lettre pleine de menaces, lettre, comme on le conçoit bien, restée sans réponse. Les courtisans eux-mêmes s'en moquaient entre eux à voix basse, et disaient que la fièvre avait brouillé quelque peu les registres de la cervelle de monseigneur Charles, roi de Chypre et de Jérusalem.

Il reposait demi-étendu sur sa couche, pâle et flétri avant le temps. La maladie avait imprimé ses traces sur cette noble figure qui avait mérité à Charles le renom du plus beau prince de son temps. Il y avait quelque chose de touchant dans ce souverain de vingt et un ans, courbé et renversé par le mal aux jours de son printemps. Cette maigreur qui cavait ses joues, cet éclat maladif dans ses grands yeux égarés qui brillaient sous son bonnet de velours fleuronné d'or ; cette vive rougeur sur ses pommettes saillantes ; tout enfin dénotait le feu intérieur de la fièvre qui le dévorait.

Charles s'agitait. Il était dans l'accès de son mal ; il passa à plusieurs reprises sa main sur son front, se souleva sur son coude, et s'adressant au grand-inquisiteur placé auprès de lui :

— Par les mérites de mon bienheureux aïeul, dit-il d'un ton bref et vivement accentué, messire Alberto de Capitanéis, je pense que vous aviez raison, parfaitement raison. Le capitaine.... comment s'appelle-t-il ?... devrait être de retour.

— Vous ne pouviez attendre de ces infâmes hérétiques que violence et rébellion, répondit le grand-inquisiteur, et son regard semblait vouloir pénétrer le prince et prévenir ses pensées.

— Rien ne va, rien ne marche à souhait, reprit Charles sans l'écouter. — Je crois, Dieu me pardonne, que tout se couche et s'enfièvre en même temps que moi. — Où en sommes-nous? L'impatience me dévore. — Que s'est-il passé hier ? continua-t-il en portant de nouveau avec force la main sur son front. — Ma tête, ma tête ! Ce capitaine Sacquet est-il de retour ?

— Pas encore, monseigneur.

— Que fait-il ? reprit Charles. Je veux le voir sitôt qu'il sera ici ; qu'on appelle messire de Lugrino.

Une vive expression de déplaisir se peignit sur la figure du grand-inquisiteur. Il fit signe à un moine debout dans un coin de la salle, qui souleva la tapisserie, et dit quelques mots dehors, puis revint silencieusement à sa première place. Charles s'agitait avec impatience. Le grand-écuyer entra.

— Corps Dieu ! vous vous faites attendre, messire Lugrino, dit Charles avec humeur. — Où en sommes-nous avec les montagnards ? que devient le capitaine ?

— Nous n'avons encore aucune nouvelle, monseigneur, répondit l'écuyer en s'inclinant et en jetant en même temps un regard sur Alberto. — Sans doute....

— Suffit ! interrompit Charles en enfonçant son bonnet sur ses yeux et en retombant sur sa couche. — Aussitôt qu'il mettra le pied dans l'abbaye, qu'il vienne me parler, entendez-vous ?.. sans débotter ! Allez.

Messire Lugrino se retira. Charles but quelques gorgées de sa potion, et la replaça avec dégoût sur la table.

— Merci de Dieu ! faut-il être jeté sur une couche de douleur tandis que mes sujets se révoltent !

— Mais vous avez de loyaux et fidèles serviteurs pour les faire rentrer dans le devoir, monseigneur.

— Les faire rentrer dans le devoir ! répliqua Charles avec impatience. Qui vous dit que mon autorité aura été méconnue ? Croyez-vous que ces manans oseraient lutter contre leur seigneur et maître ?

— L'impiété est capable de tout, monseigneur.

— Non, non, vous dis-je, reprit Charles avec une irritation toujours croissante.—Non, nos féaux sujets n'auraient pas oublié si vite la soumission qu'il nous ont jurée. Vive Dieu ! croyez-vous que depuis dix jours que je suis ici, ils m'auraient déjà aussi bien oublié que mes aïeux qui sont en terre ? le croyez-vous, messire prêtre ? Merci de Dieu ! je leur montrerais que je suis encore vivant par la grâce du Seigneur !

— C'est votre indulgence, monseigneur, qui les enhardit ainsi.

— Notre indulgence ! répartit brusquement Charles qui s'aigrissait de plus en plus; notre indulgence! C'était justice, messire inquisiteur, c'était justice. Ne devais-je pas avertir avant de frapper? Ne serait-ce pas mon sang que je verserais en faisant couler celui de mon peuple? Ce m'est un devoir de l'épargner, sire prêtre, et ce devoir je saurai le remplir; je saurai concilier les intérêts de mon peuple et les droits de ma couronne !

La véhémence avec laquelle Charles parlait, l'épuisa. Il retomba sur son sofa; mais le feu de ses yeux et ses regards errans indiquaient assez l'agitation désordonnée de ses idées.

— Vous devez vous souvenir, monseigneur, dit Alberto en s'inclinant et en croisant les mains sur sa poitrine, que je ne vous ai jamais donné d'autres conseils.

— Sans doute, sans doute, répliqua Charles, nous le savons, messire Alberto... Mais que disais-je? que dois-je faire, messire Alberto?

— La sainte Église vous a offert le remède

à ce mal, monseigneur. Notre saint père Innocent VIII...

— Le pape! Innocent VIII! s'écria Charles se soulevant sur son séant comme par un subit transport d'indignation. De quel droit Innocent vient-il s'interposer entre mon peuple et moi? Vive Dieu! je n'ai pas changé, sire prêtre; je ne mollirai pas plus aujourd'hui qu'autrefois; je vous le dis, messire Alberto, je vous le dis! qu'il vienne encore me menacer de ses excommunications, m'envoyer ses ridicules bulles, et vous verrez si c'est ainsi qu'on mène Charles de Piémont! merci de Dieu!

Il retomba sur sa couche, et resta quelque temps sans mouvement. Son haleine était bruyante et pressée. Peu à peu son visage devint livide et ses yeux ternes. Il semblait considérablement affaibli. Ses regards, tout à l'heure égarés, devinrent fixes, et une expression indéfinissable de vide et de langueur se répandit sur ses traits. L'accès était passé.

— Monseigneur! dit Alberto en se rapprochant de lui.

— Ah! c'est vous, messire Alberto, répondit Charles d'une voix faible. Que disiez-vous?

Mon souvenir se perd. Vous me parliez, je crois ?

—Nous parlions de Dieu et de la vie à venir, monseigneur, répliqua Alberto d'un ton solennel.

—Ah oui, mon père, c'est le moment maintenant, ou jamais. Je sens que ma vie s'écoule rapidement. Dorénavant c'est à vous à me guider, mon père; hélas! dans ma courte vie j'ai tant fait pour moi, et si peu pour le ciel!

—Ayez confiance, mon fils; jetez-vous avec espoir dans les bras de la sainte Eglise, dans le sein de la fiancée du Christ; adressez-vous au vicaire de Jésus. Le Seigneur lui a donné de lier et délier sur la terre. Adressez-vous à lui, mon fils; ses oreilles ne seront pas fermées; il répandra sur vous à longs flots les dons de la charité et de la miséricorde.

—Oh oui, j'y consens, dit Charles avec abattement.

—Avec quelle joie le saint pontife verra revenir au bercail la brebis égarée! car n'avez-vous pas, mon fils, quelque péché qui oppresse votre conscience ?

— Oh! oui, certainement, mon père! — Et son œil semblait égaré.

—Vous avez insulté Dieu et la sainte Eglise, mon fils, en opposant avec orgueil l'autorité charnelle à l'autorité spirituelle : songez-vous que vous avez été sous le poids de l'anathème; que les foudres du vicaire de Jésus-Christ ont été lancées contre vous? Il faut vous laver de cette tache par un saint abandon à la direction paternelle du saint-siége. Oui, mon fils ! les anges et les saints se réjouiront dans le ciel en apprenant que vous revenez vers la sainte route dont vous aviez été un instant écarté par l'enivrement des grandeurs terrestres; ils se réjouiront en entendant les chants d'allégresse que poussera jusqu'au ciel l'Eglise triomphante et vengée par vous des insultes que lui prodiguent chaque jour d'infâmes hérétiques. Dites, mon fils, ne les abandonnez-vous pas à la sainte justice de l'Eglise ? Ne mériterez-vous pas par cette pieuse résolution le pardon de vos fautes et la félicité éternelle ?

—Croyez-vous, mon père ? Ah ! je soupire après le moment où je serai réconcilié avec Dieu et notre bienheureuse Madone.

—Eh quoi, mon fils ! songez-vous que dans ce moment même où vous sollicitez de notre bienheureuse Madone grâce et miséricorde, vous hésitez à livrer au bras séculier d'infâmes hérétiques qui nient sa divinité, qui méprisent son culte et outragent son saint nom? Il me semble que je l'entends vous dire : Comment veux-tu que je te pardonne, puisque tu pardonnes à ceux qui m'offensent? Comment veux-tu que je te reçoive à merci, puisque tu protéges ceux qui blasphèment la mère du Christ!

—Eh bien, mon père, que voulez-vous que je fasse?

—Abandonnez-moi ces hérétiques, mettez vos troupes à la disposition du saint père pour les punir de leur félonie aux lois de la sainte Eglise.

— Eh! le puis-je, mon père? répondit Charles avec abattement. Ne leur dois-je pas protection comme à mes autres sujets?

— Vos sujets! n'ont-ils pas osé par leur coupable rébellion insulter leur souverain? Et vous conserveriez quelque pitié pour ces brigands, qui errent dans les rochers, ayant à peine forme et face humaine, noirs et velus comme les ours dont ils partagent les repaires? Ah! vous ne devriez pas hésiter un moment à terminer l'œuvre sainte de la punition de ces infâmes. J'en suis sûr, aussitôt que vous aurez pris cette salutaire résolution, la main de Dieu qui vous accable se levera de vous. Vous pourrez de nouveau, plein de santé et de force, paraître à la tête de vos armées, conquérir sur les mécréans les royaumes qui vous appartiennent, et planter la sainte croix sur les murs de Jérusalem! Refuserez-vous tant de gloire et de fortune, monseigneur? Refuserez-vous la félicité éternelle, lorsqu'il suffit pour la mériter de livrer à la justice de l'inquisition quelques hideux brigands, damnables et brûlables à merci?

— Vous avez raison, mon père. Je les livre à l'inquisition. Puissé-je par ce don recouvrer la santé!

— Ayez confiance, mon fils, en la miséricorde du Seigneur. Voici les ordres nécessaires pour l'extirpation de l'hérésie, et les commandemens que vous adresserez à ce sujet à vos délégués et capitaines.

— Vous me les présenterez plus tard, mon père, dit Charles d'une voix faible. Je ne puis maintenant... J'ai besoin de repos, ma tête se perd.

— Vous n'avez qu'à signer, monseigneur,

repartit Alberto avec instance ; et vous assurez votre félicité éternelle.

—Donnez donc.... Non, je ne puis. Allez, laissez-moi.... Cependant, je vais essayer.... Donnez. Je ne puis... Ma tête se fend. Je ne dois pas signer !

Les traits prononcés d'Alberto prirent une expression de mécontentement et de colère mal dissimulée ; ses yeux brillans se fixèrent sur le prince qui peu à peu succombait au sommeil. Lorsque la tête de Charles tomba et que ses yeux se fermèrent, il fit un geste énergique de dépit.

—Malheur ! il m'échappe ! dit-il à voix basse. Ce sera à recommencer demain !

Puis il fit quelques pas en se promenant dans la salle... Tout à coup, on entendit un grand bruit à la porte ; la tenture fut brusquement soulevée, et messire de Lugrino entra.

Charles se réveilla en sursaut.

—Qui est là ? dit-il d'une voix animée ; qui entre ici ? que voulez-vous ?

—Monseigneur, dit Lugrino, le capitaine Sacquet arrive.

—Sacquet ? que me dites-vous ? quel est ce Sacquet ? Ah ! notre envoyé dans les montagnes, si je ne me trompe! qu'il entre sur-le-champ.

Alberto fit un geste de déplaisir. Il se retira en arrière, à côté de la couche du roi, et parut attendre avec anxiété le résultat de la conférence.

XVI.

San Secondo.

—

Le ciel était plein de lumière et de soleil, la plaine vaste et unie. Au milieu surgissait le monastère de San Secondo, immense tache obscure sur le clair horizon. Plus on s'en approchait, plus il s'élevait morne et nu. Le haut de ses murs crénelés à machicoulis se dessinait comme une sombre dentelure sur l'azur du ciel. A l'extrémité du monument, un clocher semblait percer l'air de sa flèche aiguë, travaillée à jour comme une dentelle noire sur ce riant fond bleu. C'était un aspect gigantesque et bizarre que cet énorme pilier jeté là, hérissé de sculptures, sur le côté de ce pesant et triste édifice. Ce clocher semblait pour ainsi dire une mousse du vieux monastère ; on eût dit qu'il avait crû comme une végétation immense de colonnettes, d'ogives, de rosaces implantées, empilées les unes sur les autres. Un large fossé rempli d'eau entourait le couvent.

La façade était nue et criblée de meurtrières. Au milieu des murs épais s'ouvrait, comme une gueule immense, une large porte à plein cintre et pont-levis, armée des dents aiguës et brillantes de la herse. Au dessus, semblable à un œil unique inspectant la plaine, se trouvait une niche ronde, entourée de légères ciselures, et renfermant l'image du saint protecteur de l'abbaye, monté sur un cheval enharnaché en guerre. Le saint avait l'air imposant et martial, avec une belle armure de chevalier, brassards, cuissards, et l'armet en tête, prêt à combattre les hérétiques des montagnes. Sur la niche, se voyait profondément sculpté dans la pierre l'écusson de l'abbaye.

Ainsi parut San Secondo aux yeux de Raymond et des hommes d'armes qui descendaient des montagnes, et arrivaient enfin au terme de leur long et pénible voyage.

— Par saint Guodepin qui fut martyrisé de pommes cuites! s'écria Sacquet avec une vive expression de joie, enfin nous en sommes sortis! merci de Dieu! je n'ai plus, je crois, une seule côte entière, et bien heureux encore d'en avoir rapporté les morceaux! car j'ai bien cru laisser mes os, mille millions de diables! dans ces rochers pointus... que Dieu a empilés les uns sur les autres, je crois, pour faire damner le genre humain!

Un dernier trébuchement de son cheval avait amené cette réflexion peu religieuse. Il donna ensuite quelque peu de repos à ses cavaliers, qui sortaient tout en désarroi de la ravine, et s'achemina en bon ordre vers le monastère.

Le cœur de Raymond ne put se défendre d'un mouvement de crainte, lorsqu'il passa sur l'épais pont-levis qui résonnait sous les pieds des chevaux, et qu'il franchit la haute et lourde voûte de la porte. Les deux battans ferrés, une herse, une seconde, une troisième herse! Des hommes d'armes, des coutiliers, des fantassins, des formalités, des saluts militaires. A travers tout cela, ils arrivèrent dans la cour.

Alors Raymond resta stupéfait de ce spectacle. Au milieu se voyait un puits entouré de colonnettes qui supportaient un dôme surmonté par l'effigie de San Secondo à cheval et la lance au poing. Tout autour, le long du cloître, se déroulait un promenoir couvert, supporté par de massives colonnes. Puis, dans un coin une tourelle gracieusement découpée et sculptée à jour tant et tant, qu'elle en semblait une œuvre de féerie légère et voltigeant entre ces lourds arceaux noircis par le temps. C'était l'escalier. Dans la cour, régnait un gai tumulte, un mouvement inaccoutumé. Là se trouvait la suite du prince, chevaux richement caparaçonnés, damoiseaux et varlets richement habillés; de toutes parts, des vêtemens ornés d'or et de broderies, de brillantes armures, des costumes bizarrement bariolés de couleurs éclatantes. L'œil du jeune Vaudois était ravi et comme fasciné par ce spectacle nouveau pour lui.

De son côté il excitait autant la curiosité des damoiseaux qu'ils excitaient la sienne, et ce fut un bonheur pour Sacquet qu'un ordre de messire Lugrino vînt le délivrer de ces importuns. Il se rendit avec Raymond à la salle des hommes du roi. Mais à peine y eut-il pénétré qu'il fut entouré par les varlets, pages et poursuivans d'armes, troupe joyeuse et sémillante.

—Holà! cria l'un d'eux, arrêtez-vous, notre ami Sacquet. Il faut que vous soyez pis que fou pour amener ici un jeune ours des montagnes armé de pied en cap comme s'il s'agissait de piller une église. Soyez tranquille, vous ne serez pas admis là-dedans.

—Parbleu, répondit Sacquet, c'est le grand-écuyer qui m'a fait dire de me rendre ici sans le moindre retard.

—Pst... pst! reprit le page. Advienne en ce cas ce que pourra entre messire Lugrino et le grand-inquisiteur. Toutefois, capitaine mon ami, tu n'entreras pas, à moins que messire Lugrino ne t'introduise lui-même; et avant tout il faut désarmer l'hérétique.

Et le page avançait pour prendre l'épée.

— Tu n'y toucheras pas! cria Raymond reculant avec un geste de menace.

— Par saint Adauras qui me préserve du fouet! est-il méchant le suppôt d'enfer! Après tout, bel hérétique, nous avons un grand respect pour votre caractère d'ambassadeur ; mais il faut au moins donner l'épieu....... sinon !......

— Prends garde ! dit Sacquet en riant ; si tu le presses trop, il pourra te le donner....... au travers du corps.

— Impossible, mon doux ami, repartit le page avec sang-froid.

— Donne-leur ton épieu, dit Sacquet à Raymond. Ils te le rendront sans doute en sortant.

— Oui ou non, répondit le page en recevant l'épieu, — c'est tout un. Le sire d'Osasco et Lugrino entraient en ce moment.

— Est-ce là l'hérétique? demanda le sire d'Osasco en désignant Raymond par un geste méprisant.

— Oui, messire, répondit Sacquet.

Le sire d'Osasco secoua la tête et haussa les épaules. — Je ne sais où tu avais la cervelle, reprit-il, pour amener ici semblable harpaille ; il serait mieux placé dans le souterrain que dans l'antichambre de monseigneur le roi.

— Ce qui est fait est fait, interrompit Lugrino ; mais, dis-nous, Sacquet, quelles sont les nouvelles ?

— Eh, messire, un peu mauvaises !

— Je vous l'avais dit! interrompit le sire d'Osasco d'un air de triomphe.

— Tant mieux! répliqua Lugrino.

— Comment, tant mieux! s'écria Sacquet avec étonnement.

— Il n'y a pas d'espoir de soumission? reprit le sire d'Osasco.

— Nul! répondit Sacquet.

— Tant mieux! tant mieux! s'écrièrent les deux seigneurs.

— Basta! cria à son tour bruyamment Sacquet en frappant sur sa cuirasse. Est-ce ainsi? où en sommes-nous?

Lugrino souleva la tenture.... et Sacquet entra peu après, suivi de Raymond.

— Eh bien ? lui adressa Charles d'un ton bref.

— Monseigneur, répondit-il en s'inclinant, mais sans perdre entièrement son assurance habituelle, j'ai rempli avec bonheur la mission dont vous m'aviez chargé.

— Ah! répondit Charles, tandis qu'un éclair de joie semblait ranimer sa figure. Les montagnards se sont soumis? voilà une bonne nouvelle. N'est-ce pas, messire Alberto?

A ce nom redouté, Raymond regarda le moine, et ne put voir sans une sorte de crainte le visage froid et sévère de l'inquisiteur.

— Monseigneur! interrompit Sacquet en s'inclinant de nouveau, il ne m'est malheureusement pas possible de confirmer...

— Comment! s'écria Charles en se soulevant à demi. — Qu'est-ce? Prends garde à ce que tu diras, capitaine! prends garde! nos sujets nous connaissent trop bien pour aller à l'encontre de nos volontés! Merci de Dieu, ils n'auraient osé!

Le cœur de Raymond se serra.

— Monseigneur, repartit Sacquet respectueusement, ils n'ont pas maltraité votre envoyé; ils ont écouté vos ordres avec respect; mais ils ont désiré vous adresser à ce sujet leurs humbles représentations.

— Bien, fort bien! dit Charles avec amertume. Par les mérites de mon bienheureux aïeul! en sommes-nous là? Je vous le dis, il faudra bientôt que Charles de Piémont écoute le vouloir de tous les manans et vilains de ses états. Vrai Dieu! est-ce ainsi, messire Alberto?

L'inquisiteur fit un signe de dédain.

— Vous aviez bien jugé, messire Alberto, continua Charles. Mais ils apprendront bientôt comment agit Charles de Piémont. Il faudra qu'ils plient ou qu'ils rompent !

A cette menace, le jeune Vaudois tressaillit. Ce mouvement involontaire n'échappa pas au prince.

— Quel est ce jouvenceau ? demanda-t-il à Sacquet en jetant sur Raymond un regard de bienveillance. — Est-il de ta compagnie ?

— Monseigneur ! répondit Sacquet évidemment embarrassé. — C'est celui que..... c'est un envoyé des Vaudois des montagnes.., qui...

— Par la croix du Sauveur ! interrompit Charles en se levant sur son séant par une subite explosion de colère, tandis que son regard étincelant se fixait sur Raymond. — Ces damnés hérétiques pensent-ils traiter d'égal à égal avec leur seigneur et maître ?

— Loin de nous cette pensée, noble souverain, dit Raymond avec respect et fermeté.— Mais nous avons cru que tu étais sage et juste que tu écouterais les remontrances de tes sujets, injustement persécutés, et c'est comme ton sujet que je viens apporter au pied du trône les plaintes et les prières de l'innocent.

La colère qui brillait dans les yeux du prince s'apaisa peu à peu. Il considéra quelque temps en silence le maintien noble et gracieux du jeune Vaudois. Puis, se tournant vers le grand-inquisiteur.

—Par mon bienheureux aïeul! eussiez-vous cru, messire Alberto, que ce jeune homme fût Vaudois? J'en excepterais à peine Bayard du Terrail, mon ancien page, actuellement auprès de mon cousin de France; certes, j'aurais peine à trouver à ma cour un semblable poursuivant d'armes. — Voyons, jeune homme, qu'as-tu à nous dire?

— Ce n'est pas moi, monseigneur, mais tes vassaux des vallées d'Angrogna qui vont te parler par ma bouche. Après avoir entendu tes ordres, affligés qu'ils étaient d'un semblable empiétement sur les droits qu'ils ont reçus de leurs pères, ils ont résolu de te faire entendre à leur tour leurs humbles, mais justes représentations.

— Ah! s'écria Charles avec colère,

— Je pense, monseigneur, reprit Raymond avec fermeté, que tu écouteras avec bienveillance le vœu de tes sujets. C'est tout un peuple, monseigneur, qui te supplie; mais tout en recourant à la clémence de son seigneur, il a pris à tout jamais la ferme résolution de maintenir les droits et franchises dont il a joui de temps immémorial, et qu'il n'est pas en ton pouvoir de lui enlever.

— Ah! répéta Charles.

— C'est moi qu'ils ont chargé, monseigneur, continua Raymond qui s'animait de plus en plus, de cette honorable mission. Voici les réclamations des fidèles, émises dans une assemblée générale des Barbas et des chefs de famille; puis les formules de croyance et de discipline qu'ils ont rédigées dans la sincérité de leur cœur, et qu'ils te supplient de trouver bonnes et convenables.

— Merci de Dieu!

Raymond tira un long parchemin, et se préparait à le lire.

— Comment! reprit Charles en regardant ironiquement Raymond; eussiez-vous pensé, messire Alberto, que mes sujets des montagnes fussent assez bons clercs pour écrire une protestation et venir la lire à leur seigneur?

— La science est souvent mère du péché, répondit Alberto.

— Non pas, non pas! sire prêtre, répliqua

Charles avec vivacité. La science puisée à bonne source ne peut qu'élever et fortifier l'âme.

— Vous en êtes la preuve, monseigneur, répondit Alberto avec respect.

Charles se retourna vers Raymond, et le jeune Vaudois commença, d'un ton ferme et mesuré, à lire les représentations faites par Antony Vincens, au nom des fidèles. Charles écouta d'abord avec une sorte de tranquillité; mais peu à peu son visage, fatigué par la maladie, s'anima; l'indignation se peignit sur tous ses traits; il se souleva sur son séant, et son œil étincelant de courroux se fixa sur Raymond. — La lecture était terminée, qu'il gardait encore le silence.

— Il faut que tu sois bien audacieux, dit-il enfin d'une voix tonnante, pour venir faire à ton souverain maître le récit des faits et gestes de semblable harpaille, et bien insensé pour croire que je laisserai cette audace impunie ! Merci de Dieu ! vous voulez dicter des conditions à Charles de Piémont ! Je crois, par Dieu, que je vais remettre ma couronne de prince aux mains de semblables bandits pour qu'ils la rognent à leur aise ! Vous et les vôtres, vous sentirez bientôt que je suis encore votre maître; attendez quelque peu, et vous verrez avec vos protestations, vos ridicules et damnables articles, qu'en voulant secouer le joug, vous n'aurez fait que l'appesantir ! Exécrables hérétiques ! infâmes rebelles ! qui vous a mis au cœur une pareille audace ? Et c'est moi, c'est Charles de Piémont, que vous avez choisi entre tous, pour le conspuer et vilipender de la sorte ! Merci de Dieu ! — Il retomba épuisé sur le sofa.

— Messire Alberto, reprit-il un instant après, que me disiez-vous tout à l'heure ? — Ma tête se fend, mon sang brûle et circule comme du métal fondu. — Qu'on l'ôte de devant mes yeux !... entendez-vous ? Emmenez l'hérétique ! — Ah !... messire Alberto, écoutez ici.

Alberto fit un signe au moine, et s'avança vers le prince. Tous sortirent. Lugrino s'éloigna rapidement, et Raymond, conduit par le moine, s'avança dans un long corridor.

— Venez par ici, mon fils, lui dit le moine d'un ton insinuant. Notre bienheureuse Madone vous ouvrira sans doute les yeux. Je vais vous conduire à votre logis.

— Et vous en sortirez... quand vous pourrez ! s'écria Sacquet. Or ça, notre révérend père, il ne s'agit pas de plaisanter. J'ai répondu corps pour corps de ce jeune homme... vous m'entendez? et si on ne me le rend pas sain et sauf sous peu, par Saint-Pierre, je ferai beau bruit !

— Que veux-tu dire, fils de la chair? repartit le moine d'une voix sourde et menaçante; qui t'amène sur mon chemin ? Voudrais-tu insulter les fidèles serviteurs de Dieu ? Voudrais-tu te jouer de la sainte inquisition? Voudrais-tu....

— Allons, allons, mon révérend père, interrompit Sacquet quoique d'un ton moins hardi, nous n'avons rien à démêler ici avec la sainte inquisition, par la grâce de Dieu. Je vous disais seulement que mon honneur est compromis dans cette affaire, et, foi de Sacquet, je saurai le conserver de manière ou d'autre. — Au revoir !

Il tourna sur les talons et sortit du corridor.

— Bête brute! — fils de Moloch ! — murmurait le moine en continuant sa route. Après de longs détours, escaliers, salles et corridors, il ouvrit une porte, et introduisit Raymond dans une cellule.. — Adieu, mon fils, lui dit-il ; vous me reverrez avant peu.

Raymond, resté seul, parcourut sa nouvelle demeure. Elle était assez spacieuse, et la fenêtre, très-haute, étroite, garnie de barreaux de fer. En continuant ses recherches, il s'aperçut que la porte était fermée en dehors.

Alors les propos de Peyre, la conversation de Sacquet et du moine lui revinrent à l'esprit. Une vive inquiétude s'empara de lui ; mais au moins, il n'avait pas été désarmé ; il avait conservé son épée et l'écharpe de Marya !

Sa fidèle lame ne lui aurait pas été, il est vrai, d'une grande ressource. Qu'aurait-il fait seul contre tant d'ennemis ? Il ne lui restait pas d'autre parti que la fuite. A force de rêver et de songer aux moyens de sortir de sa prison, il pensa qu'à l'aide de son épée, il pourrait arracher un barreau de sa fenêtre, et s'échapper par l'ouverture. Au moment où il commençait à accumuler les meubles pour y atteindre, il entendit crier les verrous de la porte. A peine eut-il le temps de renverser avec fracas l'édifice qu'il élevait.

La porte s'ouvrit lentement. Deux moines entrèrent. L'un d'eux mit quelques mets sur la table, et sortit. L'autre s'assit sur un des siéges qu'avait dérangés Raymond, et, s'adressant avec bienveillance au jeune homme qui le considérait en silence et avec attention :

— Mon fils, ces mets vous sont destinés. On a encore besoin à votre âge de nourriture terrestre et charnelle.

Il y avait quelque chose de si astucieux dans le son de voix, quelque chose de si faux dans le regard du moine, que Raymond, bien que la faim commençât à se faire vivement sentir, aurait craint de toucher aux mets qu'il lui offrait.

— Le pain de l'idolâtre étouffe souvent au lieu de nourrir, répondit-il.

Le moine fixa sur lui un regard pénétrant ; sourit, et sans répondre, prit dans le plat un morceau qu'il porta à sa bouche. Convaincu par cet irrésistible argument, Raymond se mit à table et mangea avec appétit. Le moine semblait le regarder avec complaisance.

— Mais, mon fils, reprit-il lorsque le repas fut achevé, il ne faut pas seulement désirer la nourriture du corps ; tu trouveras parmi nous la nourriture de l'âme, plus précieuse, plus nécessaire à l'homme, car elle procure la vie éternelle ; et c'est l'Église seule qui peut te la donner.

Il continua long-temps sur ce ton ; mais tandis qu'il cherchait à convertir le jeune Vaudois, une idée, suscitée sans doute par le mauvais ange du frère mineur, occupait l'esprit de Raymond ; il songeait qu'il lui serait facile de s'emparer de la longue robe du moine, et de fuir à l'aide de ce déguisement. Sans doute il ne se rendit pas assez maître de sa physionomie, car le moine interrompit brusquement son discours et se leva en lui lançant un regard sévère.

— Jeune homme, dit-il, tu te repentiras d'avoir fermé l'oreille aux paroles de salut ; tu en répondras devant les hommes comme devant Dieu.

— Je m'embarrasse peu de tes exhortations, repartit Raymond en songeant à lui barrer le chemin, lorsqu'un coup violent fut frappé à la porte en dehors, et l'arrêta.

— Holà ! doux ami des montagnes, cria une voix que Raymond reconnut pour celle de Sacquet. — Je vois qu'ils t'ont enfermé comme une brebis galeuse, en attendant qu'ils puissent te tondre à leur aise ; mais patience !

—Tison d'enfer! s'écria le moine, et s'avançant rapidement vers la porte, l'ouvrit avant que Raymond pût l'arrêter et la referma brusquement sur lui.—Le jeune Vaudois l'entendit se quereller vivement avec Sacquet. — Peu à peu le silence se rétablit.

D'abord il se reprocha d'avoir laissé échapper une occasion qui probablement ne se représenterait plus ; mais lorsqu'il réfléchissait à tous les dangers qui l'auraient attendu dans sa fuite, au milieu de ce vaste bâtiment dont les détours lui étaient inconnus et où tout l'aurait trahi, il se félicitait de n'avoir pas fait cette périlleuse tentative qui, en échouant, aurait pu encore aggraver sa position. Bientôt un léger bruit se fit entendre au dehors, puis un son d'armes et le pas mesuré d'un soldat. Un homme d'armes était mis à sa porte.

Désormais Raymond revint à son premier projet. Il approcha la table du mur, posa sur la table une escabelle, et monta sur le faîte de l'édifice ; alors il atteignit la fenêtre. Les énormes barreaux de fer étaient fortement scellés dans la pierre ; et l'épaisseur des murs l'empêchait de voir ce qui était au dessous.

Il faisait nuit. Son épée était tirée, quoiqu'avec bien peu d'espoir de réussite, lorsqu'un murmure sourd de voix à la porte lui arrêta le bras. Il craignit de trahir son dessein par le retentissement des coups. Il redescendit, s'approcha doucement de la porte, écouta... — C'était la voix de Sacquet.

— Pardieu! disait-il, ils te jouaient là un vilain tour, camarade. Mais je me souviens des vieux amis, et je suis venu pour me rafraîchir un peu avec toi.

— Vrai Dieu! c'est bien pensé, capitaine, répondit une voix mâle et rauque. Je meurs, par la corbieu, de faim et de soif! Les damnés ruffiens me laissaient là sans bribe aucune pour jouer des mandibules et badingouinces.

— Si j'avais su, repartit Sacquet, je t'aurais apporté quelque comestible; mais en attendant, voici, je crois, de quoi apaiser ta soif.

Raymond crut entendre sur le plancher le son d'une lourde cruche de terre.

— Ah capitaine! reprit le soudard avec un éclat de voix admiratif, vous êtes le père du soldat!

— Eh bien! bois un moment sans moi; je vais à mes affaires; mais fais en sorte que je retrouve encore quelque chose dans la cruche à mon retour.

— Soyez tranquille, capitaine.

Ici se termina la conversation. Mais Raymond crut encore entendre le son de la cruche sur le plancher, à intervalles mesurés et de longueur convenable. Il s'éloigna et remonta sur son escabelle, essaya, mais inutilement, d'ébranler les barreaux. A grand'peine pouvait-il après de longs efforts détacher une faible parcelle de ciment. Il redescendit fatigué et sans espoir, remonta, redescendit, et remonta encore...
— La nuit était close, et une profonde obscurité régnait dans la cellule.

Tout à coup, on frappa à la porte. — Raymond! disait la voix de Sacquet, j'ai endormi le vieux butor ! — Merci de Dieu! il n'y a plus une seule goutte de vin dans la cruche!

Raymond vit qu'il travaillait à sa délivrance, et son cœur bondit d'allégresse. Il entendait avec anxiété les efforts de Sacquet pour forcer la serrure; il en ressentait la fatigue.

— Ne pourrais-je pas t'aider un peu? lui dit-il.

— Inutile ! répondit Sacquet. Ce rusé moine a oublié, dans sa précipitation de fermer tous ces verrous. ... et.... voilà que tout est fini....

En effet, la porte céda. Raymond se précipita dehors. — Silence! lui dit Sacquet, les renards d'en bas ne dorment jamais que d'un œil. Il rajusta la serrure, tira les verrous. On aurait pu difficilement s'apercevoir que la porte avait été forcée.

— Maintenant, hérétique mon ami, il faut décamper. Je ne puis rester long-temps ici, car le rusé frère Angelo me surveille de près. Le mot d'ordre est Croix de Jérusalem... — et file! mais prends garde de rencontrer un Dauphinois comme toi, le sire de Champollion; c'est le plus fin de la bande, et tu serais perdu.

— Je pars, dit Raymond en lui tendant la main ; et je me souviendrai toujours qu'il est aussi de la loyauté chez les idolâtres.

— Holà! s'écria Sacquet, je n'accepte ta main que comme gage de combat. Je veux bien favoriser l'évasion d'un hérétique, parce que ma foi et ma courtoisie y sont engagées, mais par la croix du Sauveur! je ne prétends pas rester long-temps chargé d'un semblable péché. J'espère bien que la première rencontre que j'aurai avec toi me revaudra l'absolution.

— Qu'à cela ne tienne, repartit Raymond

un peu refroidi. — Je serai toujours au premier rang.

— Et moi aussi, dit Sacquet ; ainsi la partie est liée. Au revoir, mon doux ami. Toujours tout droit ! Et il tourna les talons.

Raymond suivit hardiment cette brève indication, parcourut le long corridor, descendit un escalier, et vit s'allonger devant lui un second corridor dont il désespéra de trouver la fin. Il cheminait pas à pas dans l'obscurité. Au fond un faible reflet bleuâtre indiquait la place de la haute et large fenêtre. Tout à coup, au loin, il vit une incertaine et rouge lueur se dessiner sur le mur. Il s'arrêta. La lueur grandit, s'arrondit...... Une lumière étoilante sembla jaillir du mur opposé, et s'avança lentement vers Raymond. Il ne pouvait rien voir de plus. Indécis s'il devait reculer ou marcher en avant, il attendit ; la lumière approchait peu à peu... — C'était un vieux moine portant une petite lampe.

Raymond se rangea respectueusement contre le mur, et porta la main à sa toque. Son cœur battait violemment.... Il espéra un moment que le moine passerait sans s'arrêter.

Le moine s'arrêta.

Il éleva la lampe auprès de la tête de Raymond et le considéra attentivement.

— Tu es étranger, mon fils? dit-il enfin.

— Le mot d'ordre est inutile ici, pensa Raymond. Il faut en sortir d'une autre façon.— Je suis du Dauphiné, dit-il; de la suite de messire Champollion, — nom dont il se souvint heureusement.

— Ah! répondit le moine. Tu devrais savoir, en ce cas, qu'il n'est pas permis de s'introduire dans cette partie du couvent.

— J'y viens pour la première fois, père; et je me suis égaré en voulant sortir.

— Hum! hum! toussa le moine.

Il baissa la lampe, la releva jusqu'au visage de Raymond en l'examinant de nouveau du haut en bas, et hochant la tête, de vieillesse ou de doute.

— Eh bien! dit-il enfin, tu veux sortir? suis ce corridor, descends l'escalier à droite, puis vas droit devant toi, et que le ciel te conduise!

—Amen! répondit Raymond en s'inclinant, — et il respira. Il n'avait pas cependant grande confiance dans les indications du moine, mais il était forcé de les suivre. Il parcourut l'immense corridor, descendit l'escalier, traversa une salle où se trouvaient de nombreuses colonnes, entra dans une galerie. Il y marchait déjà depuis long-temps, lorsqu'un bruit étrange vint frapper son oreille. Enfin, il distingua de nombreuses voix d'hommes parlant et criant à la fois. Il s'arrêta.

— C'est un piége du moine, pensa-t-il; où peut-il m'avoir envoyé ?

Mais il aurait été plus dangereux de retourner en arrière. Il avança, et vit bientôt les cottes d'armes et les armures de fer des soldats.

— Halte-là ! cria la sentinelle. — On ne passe pas, beau jouvenceau, ajouta-t-il d'une voix animée encore par la gaîté. Les éclats de rire continuaient dans le corps de garde.

— Croix de Jérusalem ! répondit Raymond en s'approchant.

— Brrr ! dit le soldat ; puisqu'il en est ainsi, marche devant, pour peu que tu désires entrer dans le corps de garde.

— Vertu d'Ahan ! dit un soudard qui était accoudé à la porte, — d'où peut-il venir par ce sombre chemin ?

— Que t'importe ? repartit brusquement Raymond. Laisse-moi passer.

— Entrez, mon damoiseau, reprit en riant le soldat. Vous trouverez ici belle et joyeuse compagnie. Parbleu, nous allons nous amuser.

Raymond se trompait de porte. Au lieu de sortir du monastère comme il le pensait, il entrait dans le corps de garde. — C'était une vaste salle accommodée depuis peu à cet usage. Au milieu pendait à une chaîne de fer une lampe qui jetait sa vive lumière sur les cuirasses brillantes des hommes d'armes. Les uns étendus sur des bancs dormaient en attendant leur tour de faction, les autres jouaient entre eux. Ceux-là riaient bruyamment.

— Galans et courtois chevaliers, s'écria le soldat qui était entré derrière Raymond, voici un beau damoiseau, coureur de nuit et de belles, qui vient se réjouir avec nous.

Les soudards se rassemblèrent autour de Raymond, qui, immobile au milieu de la salle, cherchait vainement des yeux une issue.

— Viens t'asseoir ici, bel ami, dit l'un en s'étendant sur un banc pour donner l'exemple.

— Non, répondit Raymond dissimulant son impatience ; je veux sortir.

— Es-tu fou ! sortir à cette heure de nuit ? C'est bon pour des chats ou des mécréans hérétiques.

— A propos d'hérétiques, cria un autre couché sur le dos ; qui a vu l'envoyé des montagnes ? c'est un bien joli jouvenceau.

— Par où sort-on ? demanda de nouveau Raymond, qui devenait sérieusement inquiet.

— On ne sort pas, répondit un soldat ; on demeure.

Un éclat de rire général suivit cette réponse.

— Je sortirai ! répondit Raymond impatienté.

Les soldats lui barrèrent le passage en riant. Les autres, éveillés par le bruit, levaient la tête de leurs planches et encourageaient leurs camarades.

— Retirez-vous, manans ! cria l'un, laissez passer messire du Dauphiné.

— J'en suis d'avis, dit un autre en se mettant en travers de la porte.

— Je te le conseille ! repartit Raymond s'apprêtant à forcer le passage.

— Bien, bien, Giovanni ! crièrent tous les autres.

Mais Raymond lui appuya la main sur la cuirasse, et le repoussa si rudement qu'il alla donner au loin du chef en terre. Un immense éclat de rire accueillit sa chute. Raymond, sans s'embarrasser des suites, s'était élancé hors du corps-de-garde.

— A droite ! à droite ! lui cria la sentinelle. Vite ! vite ! ils courent après toi.

Raymond suivit cette bienveillante indication et bientôt fut à la porte du monastère. Là se trouvait un autre homme d'armes.

— Croix de Jérusalem ! cria-t-il, et il passa.

Il ne tarda pas à être loin de San Secondo et des inquisiteurs. — Or, le temps était précieux ; car en ce moment même le sort des Vaudois était fixé.

— Victoire, messeigneurs ! s'écriait Alberto en entrant dans son cabinet ; victoire ! voici l'édit ! et il secoua d'un air de triomphe, au dessus de la table autour de laquelle étaient assis le sire d'Osasco et Champollion, une feuille de parchemin d'où pendait le sceau du prince de Piémont.

—Viva ! dit le sire d'Osasco. C'est merveille ! Nous voici enfin libres d'agir. Les hérétiques sont en paix, attendant le résultat de leur ambassade ; le moment est parfaitement choisi pour les surprendre.

—Eh bien ! reprit Alberto, malgré la colère du prince en présence de l'envoyé, je crois que j'aurais échoué sans notre aventure de la chaumière, sire Champollion. J'avais réservé cela pour dernier argument, et le prince a compris qu'il fallait réprimer de semblables attentats.

—Etablissons de suite notre plan de campagne, dit le sire d'Osasco. Voyons, messire de Champollion, tracez-moi la route pour arriver en Angrogna.

—Il y a plusieurs chemins, dit Champollion, et les voici. — Il étala sur la table un grand nombre de papiers. — En voici un qui part de Fenestrelles ; c'est Raymond de Pragela qui me l'a enseigné. — En voici un autre qui longe le pied des montagnes et joint le premier en avant de Buona Notte.— En voici un troisième.

Le sire d'Osasco poussait des cris d'admiration.—Bien ! très-bien ! Il y a là-dedans toute une stratégie. Et pour les autres vallées ?

—Les voici : Pérosa, Clusone, San Martino, Lucerna.

—Admirable ! Eh bien, voici maintenant quelles seront mes dispositions. Sacquet, dont vous avez pu apprécier l'intelligence et la bravoure dans sa mission, suivra le chemin de Buona Notte et couvrira ma gauche pendant qu'à la tête du centre, et suivi de l'arrière-ban de la croisade, j'envahirai Pérosa, et, rabattant sur les fuyards, je forcerai le val par la gorge. Ma droite sera formée du corps qui partira de Fenestrelles et opérera en avant de moi sa jonction avec Sacquet. Les deux ailes formeront ainsi l'avant-garde à notre entrée dans le val.

—Général, interrompit Alberto, je vous recommande un aventurier français du nom de Chantepleure. C'est un homme comme il vous en faut.

—Chantepleure ? dit le sire d'Osasco... Ah, oui. Il commandera l'aile droite, et pénétrera le premier dans le guêpier. Mais pour protéger nos flancs et empêcher la jonction des forces ennemies sur Angrogna, un corps devra pénétrer dans le val San Martino et occuper le pont du Pertuis, ainsi que vous l'avez judicieusement noté ici, sire de Champollion. Luigio de Bragmarda et Giovanni Fioravante entreront en Lucerna et en Val-Clusone. Le feu sera mis ainsi aux quatre coins à la fois.

—Bravo! s'écria le grand-inquisiteur. Le succès me paraît infaillible.

— Je le crois aussi, dit le sire d'Osasco, surtout en surprenant les montagnards avant qu'ils aient fortifié les défilés. Aussi, il faut retenir ici l'ambassadeur, ou le faire disparaître au besoin; nous leur porterons la réponse du prince au bout de nos lances.

— C'est entendu, dit Alberto, je l'ai fait enfermer dans le couvent, parce que j'étais curieux de le voir de près. Nous pourrions peut-être tirer de lui de nouveaux renseignemens. C'est un jeune homme qui paraît plein de feu et de confiance.

—J'ai de mon côté donné à Sacquet des instructions qu'il doit avoir suivies, et...

— Le capitaine Sacquet demande un moment d'audience, dit un serviteur soulevant la tenture de la portière.

—Qu'il entre, parbleu! nous parlions de lui.

—Messire! dit Sacquet en saluant militairement, je vous demande pardon.

— J'allais vous mander, capitaine, pour

savoir quelles découvertes vous aviez faites dans votre mission.

—D'importantes découvertes, messire ! j'ai tous les chemins des montagnes gravés là, dit-il en se touchant le front, et je menerai ma colonne droit au Pra del Torno, si vous m'en donnez l'ordre.

— Bien !

— Mais, interrompit Sacquet, je venais vous apporter une nouvelle, peu importante probablement.

—Laquelle ?

—Les moines se sont emparés de l'ambassadeur des...

—Je sais, je sais, dit Alberto ; c'est d'après mon ordre.

—Je vous demande pardon, reprit Sacquet avec son assurance et sa légèreté habituelles, mais il eût été bien mieux entre les mains de mes hommes d'armes. Ils l'ont enfermé dans une mauvaise petite cellule, dont ils n'avaient même pas tiré les verrous. J'avais mis un homme d'armes dans le corridor ; mais il a trouvé le moyen de se griser et de s'endormir, si bien que Raymond de Pragela s'est échappé.

—Raymond de Pragela ! s'écrièrent à la fois

les trois seigneurs, Raymond de Pragela! et il est échappé!

—Echappé! répondit Sacquet. Il a renversé la sentinelle placée au pont-levis, et maintenant il court dans la plaine. Or, je le connais assez pour vous assurer qu'il est inutile de courir après lui.

—Messire d'Osasco! s'écria le grand-inquisiteur, si vous voulez les surprendre, il n'y a pas un moment à perdre!

—Sacquet! suivez-moi! répondit le chevalier. Et la conférence se rompit en tumulte.

XVII.

La Découverte d'une trame criminelle.

—Au nom de Dieu et de tous les saints qui sont au ciel! ma bonne mère, disait Paolina tremblante et les mains jointes, — apprenez-moi où je suis et qui m'a conduite ici?

— Je ne connais pas les saints des idolâtres! répondit la vieille Joanna d'un ton sévère, tandis qu'elle parcourait d'un œil curieux et défiant la jeune femme, qui, pâle, échevelée et à demi couchée sur le lit, n'en était encore que plus belle. — Mais je veux bien te dire que tu es en ce moment dans le val de Pérosa, dans une cassine sur le bord de l'Agrevol.

— Grand Dieu! dit la jeune femme portant ses mains à sa tête, comment y suis-je venue?

— J'ai appris, continua Joanna, que les fidèles avaient fait une incursion dans la plaine, et qu'ils en avaient rapporté une femme qui semblait morte. J'ai voulu te voir... et te secourir. Et voici depuis deux jours la première fois que tu parles. Les hommes t'avaient laissée là sans secours...

— O mon Dieu! interrompit Paolina. — Et Raymond où était-il? Le connaissez-vous?

— Raymond... de Pragela? Oui, je connais son nom. Il est en Angrogna.

— Dieu soit loué! J'ai un souvenir vague... de sang... de morts... Mais lui, il est sauvé! Dieu soit loué!

Joanna secoua la tête en parcourant Paolina d'un regard observateur. Puis elle lui tendit un vase plein d'une boisson médicinale.

— Voici le salut du corps... Puisses-tu trouver bientôt celui de l'âme!

A ce moment, la porte s'ouvrit brusquement, et Alphand entra. Ses vêtemens en désordre et la sueur qui coulait de son front annonçaient qu'il venait de faire une course rapide. Il parut surpris et mécontent de trouver là Joanna.

— Que viens-tu faire ici, jeune homme? lui demanda-t-elle.

— Je viens chercher cette femme, répondit Alphand. J'en ai reçu l'ordre du Maïor.

— Cette femme ne peut t'être confiée. Elle restera ici.

— Cela est impossible, reprit Alphand avec sang-froid. J'ai l'ordre de Peyre, et je l'exécuterai, dussé-je, si elle ne peut marcher, la porter sur mes épaules.

— Alphand! interrompit Joanna avec autorité; que veux-tu faire de cette femme?

— L'emmener d'ici, d'abord; ensuite, la conduire à Raymond, ajouta-t-il en souriant ironiquement, — auquel elle doit porter une lettre.

A ce mot, Paolina tressaillit, et porta la main à un rouleau de parchemin attaché dans sa ceinture. — Je l'avais oublié! murmura-t-elle. — Elle descendit vivement du lit, s'enveloppa de sa mante noire et s'approcha d'Alphand.

— Qu'est-ce que cela veut dire? s'écria Joanna avec surprise.

— Peyre te le dira, s'il le juge convenable, repartit Alphand avec son même sourire. Pour moi, j'exécute ses ordres. — Et il fit franchir à Paolina le seuil de la chaumière. — Jeune fille, lui dit-il, je vais te conduire vers Raymond, auras-tu la force de marcher?

— Il le faudra! répondit Paolina avec résolution.

— Eh bien, partons! — Et ils s'enfoncèrent dans la montagne.

L'idée qu'elle allait rejoindre celui qu'elle appelait Raymond semblait donner à Paolina des forces nouvelles. Ils marchèrent rapidement jusqu'au moment où l'obscurité les força à se retirer dans une caverne au milieu des rochers; ils prirent là un peu de repos, et recommencèrent leur pénible voyage.

La nuit allait tomber de nouveau, lorsqu'Alphand s'arrêta et rompit le long silence qu'il avait gardé jusque-là.

— Je ne puis aller plus loin, femme, lui dit-il; maintenant tu n'as plus qu'à suivre ce sentier toujours tout droit; tu traverseras un petit bois et tu verras la demeure de Raymond. Si tu venais à t'égarer, tu la demanderais au premier pâtre que tu pourras rencontrer, et il t'indiquera certainement le chemin. Si Raymond est absent, tu trouveras sans doute le vieil Antony; c'est à lui dans ce cas qu'il faudrait t'adresser, et non à Martin. — Retiens bien ce nom-là... c'est le plus petit des deux vieillards... — Il faut surtout éviter de lui parler ou de Raymond ou de ce qui t'amène. Au reste, même avec Antony, aie de la discrétion et de la prudence. Je n'ai pas besoin de te dire que tu pourrais nuire sans le vouloir à ton ami. S'il te voit par hasard, et qu'il feigne de ne pas te reconnaître, garde-toi bien de le lui reprocher ou de lui parler. C'est qu'il sera forcé d'en agir ainsi, et tu lui ferais de la peine. Tu me comprends, sans doute; adieu, sois prudente, et surtout ne remets la lettre dont tu es chargée qu'à Raymond, ou, si tu le crois nécessaire, à Antony. Retiens bien ce nom-là, et va toujours devant toi.

En achevant ces paroles, Alphand sauta dans la ravine et disparut. — Paolina resta un moment interdite; mais la crainte de se trouver seule la nuit dans ce pays inconnu lui redonna des forces, et elle suivit rapidement le chemin qui se déroulait devant elle.

Elle parvint sans accident à la Casa.

Arrivée sous le porche, le cœur lui battait avec tant de force en songeant qu'elle allait revoir son Raymond, au milieu de sa famille, dans le calme de la vie domestique, qu'elle fut obligée de s'appuyer contre un des piliers. Elle jeta alors un regard sur les longs bâti-mens, les enclos, les palissades qui entouraient la Casa, et qui se prolongeaient au loin dans l'ombre. — Tout cela appartient à sa famille! pensa-t-elle. Oh! je savais bien que mon Raymond était un baron des montagnes!

Elle s'approcha de la porte... Mais là, son courage l'abandonna tout à coup. Elle était venue, emportée par sa passion, sans réfléchir. Mais comment, à quel titre allait-elle s'introduire dans cette demeure? Etait-elle sûre d'y rencontrer Raymond? et s'il était absent, quel motif donnerait-elle pour attendre son retour? Toutes ces pensées se pressèrent à la fois dans son esprit; elle s'arrêta, ne sachant à quoi se résoudre.....

Tout à coup elle entendit du bruit, et vit à quelque distance des pâtres avec leurs troupeaux, et des serviteurs aller et venir. Elle craignit d'être découverte, et s'empressa de frapper à la porte. La vieille Suzanna parut sur le seuil, une lampe à la main, et avançant la tête au dehors, elle cherchait à distinguer dans l'ombre... — Qui a frappé? dit-elle enfin.

— C'est moi, dit Paolina, d'une voix étouffée par l'émotion. — Je demande l'hospitalité.

Suzanna s'avança et considéra la jeune femme avec surprise.

— Entre, répondit-elle, jamais la maison du Maïor n'a été fermée.

Paolina entra en tremblant, et resta un moment surprise à la vue de la magnificence champêtre que présentait la grande salle.

— Le Maïor est absent, reprit Suzanna, il n'est pas encore revenu du conseil des anciens; tu peux t'asseoir à son foyer pour attendre son retour.

— Le Maïor! pensa Paolina; si je m'étais trompée!.. Est-ce ici la demeure de Raymond? demanda-t-elle.

— Oui, répondit Suzanna.

Paolina s'enveloppa de sa mante et s'assit auprès du foyer. Suzanna l'examina avec curiosité et surprise. Puis elle quitta la salle, et un moment après Marya entra.

A sa vue, Paolina tressaillit; un sentiment indéfinissable lui serra le cœur. — Elle est bien belle! pensa-t-elle en la parcourant d'un regard qui semblait pressentir une rivale. — Mais... elle a pleuré aussi!

Marya s'approcha lentement en considérant l'étrangère avec intérêt et surprise. — On m'a dit que tu étais venue chercher un abri dans notre demeure? lui dit-elle. Es-tu seulement égarée pour une nuit, ou demandes-tu secours et protection?

— Je suis égarée dans les montagnes..... et malheureuse.

— Ne t'irrite pas de ma curiosité, reprit Marya avec douceur. Mon père pourra te protéger... mais il faudra qu'il connaisse ta peine; et il est peut-être moins pénible de la confier à une compagne qu'au Maïor.

— Votre père!.... comment s'appelle-t-il?

— Mon père s'appelle Antony Vincens, répondit Marya avec quelque surprise.

— Ah!... et vous êtes sœur de Raymond?

— Sœur de Raymond! repartit Marya rougissant à cette question inattendue. — Non, certes. Raymond est le fils de l'ami de mon père.

Paolina pâlit, et, comme frappée d'une douleur inattendue, garda le silence.

— Tu connais Raymond? lui demanda à son tour Marya.

— Oui.

— Tu n'es cependant pas de nos montagnes. Ton costume et tes paroles m'annoncent une fille de la plaine.

— Cela est possible.

— Comment alors as-tu pu connaître Raymond?

— Qu'importe?

— Je ne veux pas t'arracher ton secret, reprit Marya avec une certaine hauteur. Tu es libre de ne le dire qu'au Maïor.

— Je voudrais parler à Raymond, dit Paolina en se levant, — et ne parler qu'à lui.

— A Raymond? Mais... il est absent. — Et Marya pâlit.

— Ne me trompez-vous pas?

— Moi! répondit Marya avec étonnement. Je n'ai jamais trompé personne; et pourquoi te tromperais-je? Il a été chargé par ses frères d'une mission dangereuse.

—Je comprends maintenant! murmura Paolina avec amertume. — Et elle a pleuré!

Les deux jeunes filles restèrent un moment à s'examiner en silence d'un œil inquiet et curieux. Il y avait plus de surprise dans le regard de Marya, plus d'amertume dans celui de l'étrangère. La fille d'Antony éprouvait à la vue de Paolina un sentiment pénible qu'elle ne connaissait pas encore, et dont elle ne pouvait se rendre compte. Elle se sentait involontairement disposée à haïr cette femme pour qui sa pitié avait été d'abord émue; mais son âme était trop pure pour comprendre le motif de ce penchant irréfléchi. Elle ignorait son amour; comment aurait-elle compris la jalousie? Au lieu que le cœur italien de Paolina était profondément blessé; elle connaissait et se plaisait même à agrandir la profondeur de sa blessure.

—Ainsi, demanda-t-elle, cette demeure est à vous, et Raymond est votre hôte?

— Oui.

— Et... y a-t-il long-temps?—Paolina devenait de plus en plus pâle, et ses lèvres tremblaient.

— Non.

— Et... c'est par amitié pour votre père que Raymond.....

Marya l'interrompit par un geste léger d'impatience, et fit quelques pas vers la porte. — Étrangère, dit-elle, voici mon père. C'est à lui désormais que tu devras parler. — Et elle s'éloigna.

Quelques momens après, Antony entra dans la salle. On lisait sur son front l'empreinte de ses préoccupations intérieures ; il était toujours noble et calme ; mais une expression inaccoutumée de sévérité impérieuse se peignait dans son regard. Il se fixa avec étonnement sur l'étrangère debout auprès de son foyer.

— Femme, lui dit-il, qui es-tu ? et que demandes-tu ?

— Je suis sans abri, répondit Paolina tremblante, parce que je me suis égarée dans les montagnes ; et je te demande l'hospitalité.

Antony resta un moment sans répondre ; et son front devenait de plus en plus sombre et sévère.

— La maison du Barba est ouverte à tous les malheureux, et à ce titre elle t'appartient ; tu dois y trouver abri, protection et consolation. Mais à côté de ce devoir de fraternité et de charité, la confiance des fidèles m'en a tracé un autre que je dois également remplir. Comment te trouves-tu errante à cette heure de nuit? d'où viens-tu? où vas-tu? — Songe, continua-t-il, en fixant un regard sévère sur Paolina, qui, indécise et troublée, gardait le silence; songe que ce n'est pas une vaine curiosité qui me dicte ces paroles : je te les adresse comme ton père et ton juge. La place d'une femme de ton âge est sous le toit conjugal ou paternel. Qu'est-ce qui t'en a fait sortir? Si tu es opprimée, je te donnerai protection; si tu es coupable, je te conduirai au repentir.

— Maïor, répondit Paolina, cherchant à surmonter son trouble, c'est un enchaînement de longs malheurs et d'événemens bizarres qui m'a conduite ici. Ma demeure est fort éloignée... sur les frontières de Pérosa, et je l'ai quittée pour venir trouver dans ta maison un de tes hôtes, Raymond de Pragela, auquel je voulais parler.

— Raymond de Pragela!... et que peut-il y avoir de commun entre ce jeune homme et toi? Etait-ce à toi, jeune fille, à venir le chercher?

L'œil perçant d'Antony semblait lire au fond du cœur de Paolina : elle sentit la rougeur lui monter au visage. Elle n'essaya pas de répondre.

— Que pouvais-tu avoir à lui dire? J'aime à croire, pour toi et pour lui, que ce sont de ces paroles que toute oreille peut entendre..... Si tu voulais me les cacher, jeune femme, tu me forcerais à supposer le mal.

—Tu m'accuses sans me connaître, répondit Paolina avec émotion.

—Tu t'accuses toi-même par ton silence, ma fille. Dis-moi toute la vérité, et je te rendrai justice. Vois, nous sommes seuls. Ici, je t'interroge autant en père qu'en juge, et j'ai pitié de ta jeunesse, que la faute, le repentir et le malheur vont peut-être dévorer. Réponds-moi dans la sincérité de ton cœur, — et d'un geste tout paternel il l'attira vers lui. —Y a-t-il long-temps que tu connais Raymond?

— Que trop, pour mon malheur!

— Mais, jeune fille, tu es née sur la terre des idolâtres, tu l'es toi-même, sans doute. Comment as-tu rencontré Raymond?

— Hélas, c'est lui qui est venu!... et depuis ce moment fatal..... j'ai tout perdu!..... je n'ai pu.....

— Assez, jeune fille, interrompit Vincens.

— Je ne veux pas pénétrer ici les secrets de ta conscience. Tu n'en dois compte qu'à Dieu seul. A lui seul appartient de connaître tes intentions et tes pensées. Comme juge, je ne puis que veiller sur ta conduite. Idolâtre, comment venais-tu dans nos montagnes? Qui t'amenait vers Raymond?

— Je venais... lui apporter... une lettre.

— Une lettre! et de qui?

— Je ne sais... elle m'a été remise pour lui.

— Où est-elle?

— La voici. — Et Paolina détacha le rouleau de parchemin de sa ceinture.

— Il est scellé! dit Antony en l'examinant avec attention. — En sais-tu le contenu?

— Non.

— Une lettre! murmura Vincens, — apportée par une idolâtre!... au moment où la guerre est déclarée! Peut-être quelque révélation importante pour le salut des fidèles! Raymond est absent, pour plusieurs jours, peut-être... Chef de ce peuple menacé de toutes parts, mon devoir m'ordonne de ne rien négliger pour sa défense... et d'ailleurs, je puis par un secret absolu sur le contenu de cette lettre, quel qu'il soit, réparer l'indiscrétion...

Antony n'acheva pas. Le cachet était déjà brisé. L'étonnement et l'indignation se peignirent sur sa physionomie en parcourant ces lignes :

« J'ai profité des derniers renseignemens que messire Raymond de Pragela m'a fait parvenir. J'espère que tout s'est passé dans le val San Joan comme il l'avait désiré, et que l'effet que mes démarches ont produit aura beaucoup servi à son élévation future. De tout cela nous pensons qu'il va sortir une bonne guerre qui fera notre fortune à tous. Messire Raymond devra nécessairement en recueillir les principaux fruits, comme en étant le principal auteur, et nous lui promettons notre appui en échange de ses bons offices. J'attends toujours de nouvelles instructions de sa part.

» George-Martin de Champollion. »

Antony resta un moment silencieux.

— Quel est ce Champollion ? demanda-t-il avec calme.

— Ah Dieu ! dit Paolina, à qui ce nom rappelait d'effrayans souvenirs, — je croyais l'avoir oublié ! Il accompagne le délégué de notre saint-père le pape.

— Bien! reprit-il avec amertume. — Et toi, mon enfant, tâche en effet d'oublier ce que tu peux avoir appris sur tout ce mystère. Dans tout cela, je le vois, pauvre victime du libertinage et de l'ambition, tu es plus à plaindre qu'à blâmer. Plût au ciel qu'il en fût ainsi de tous les autres, et qu'ils ne fussent pas plus coupables que toi! Va, j'ai besoin maintenant d'être seul et de refléchir. Tu resteras ici.

Il siffla dans un sifflet de métal qui pendait à sa ceinture, et Suzanna parut.

— Conduis, lui dit-il, cette jeune femme dans une chambre où elle puisse prendre le repos dont elle a besoin.

Lorsqu'il fut seul, il fit plusieurs fois à pas lents et la tête dans sa main, le tour de la vaste salle. Il paraissait absorbé dans ses réflexions. Enfin, il s'arrêta.

— Il est trop tard pour agir, dit-il, et je n'en sais pas assez. Il faut ensevelir tout cela dans le secret le plus absolu, attendre, examiner, et se décider suivant la circonstance. Puisque ce jeune ambitieux a précipité les vallées dans cette guerre désastreuse, utilisons au moins ses talens et son bras, ... nous verrons ensuite.

Au point du jour, un message de Peyre apporté à Vincens vint précipiter la marche des événemens.

» Placé sur les frontières de l'idolâtrie, disait Peyre, comme une sentinelle avancée des fidèles, je vous annonce la guerre. Les hommes d'armes qui se trouvaient à Suze ont été mandés en toute hâte, et sont déjà à Fenestrelles. Les Condottieri, et un corps de montagnards du val d'Aoste, sont en marche. Hier déjà les Stradioti sont entrés à San Secondo. Devant l'abbaye et dans la plaine, sont campés les corps de la croisade, et les soldats envoyés par le pape sont déjà à Cherasco. Un effort terrible va être tenté contre nous par l'Église, et tous les frères doivent se réunir pour le repousser. Le val d'Angrogna est notre arche sainte, et d'après les dispositions du sire d'Osasco, je vois que c'est là que le coup sera porté par l'idolâtrie. Aussi, j'ai cru pouvoir me servir de l'autorité que m'a déléguée le Maïor suprême, et j'ai envoyé aux fidèles des vallées l'ordre de s'avancer immédiatement vers Angrogna. Déjà Lucerna est en marche, je le sais. Pour nous, attendant d'heure en heure le signal du combat, nous veillons, la main sur nos armes, et dès que l'idolâtre ébranlera ses bataillons, nous nous leverons comme Israël abandonnant ses foyers, et nous viendrons au-devant de vous dans vos montagnes, combattre, vaincre, ou mourir à vos côtés. »

Le conseil des anciens apprit ces nouvelles avec agitation. Jusqu'alors, il avait espéré le succès de sa pacifique ambassade ; mais lorsqu'il vit qu'il fallait y renoncer, il songea aux moyens de soutenir la guerre avec avantage. La mesure de concentration des forces vaudoises sur Angrogna, imaginée par Peyre, lui parut la seule espérance de salut, et pour ne rien négliger, il fut décidé que Martin retournerait en Pragela pour rassembler tous les frères de France, leur annoncer que le moment de la réunion devait être avancé et presser leur marche. En attendant, les fidèles du val furent assemblés. Antony les instruisit du danger qui les menaçait, et les appela aux armes. En même temps, tout en se réservant le conseil, il les prévint que son âge et ses fonctions ne lui permettaient pas de marcher à la tête des guerriers ; qu'il fallait un chef militaire auquel il déléguait cette part de son autorité, et il nomma Peyre, Maïor de Pérosa.

Un silence universel accueillit d'abord cette nomination, et bientôt un murmure de mécontentement s'éleva des rangs de la foule. Antony parut d'abord blessé de la défaveur qui suivait son choix ; mais trop éclairé pour ne pas comprendre combien il était important, dans ce périlleux moment, que toute semence de haine et de discorde fût soigneusement étouffée, que la concorde et la confiance des soldats en leur chef étaient le premier gage de succès : — Moïse, s'écria-t-il, eut deux appuis pour lui soutenir les bras. J'ai choisi l'un ; que les fidèles nomment l'autre.

— Raymond ! Raymond ! crièrent de toutes parts les Jouvenceaux, et un torrent d'applaudissemens retentit dans la plaine ; — le fils de Martin qui se dévoue pour les fidèles ! le soutien, le martyr de la sainte cause ! le représentant de nos frères de Pragela !

— Mes frères ! répondit Martin, je vous remercie pour lui et pour moi ! mais l'inquisition l'a saisi, et Dieu veuille qu'elle lâche sa proie ! — Et des larmes étouffaient sa voix.

Antony rompit l'assemblée ; et chacun courut se préparer à la guerre.

Bientôt un triste spectacle vint remplir le val de surprise et de consternation en montrant comme inévitables et prochains les maux que jusqu'alors chacun au fond de son cœur avait crus éloignés. Les fidèles de Pérosa arrivaient, fuyant devant l'ennemi ; les prévisions de Peyre s'étaient réalisées plus tôt encore qu'il ne l'avait pensé.

Il y avait quelque chose de solennel dans cette émigration de tout un peuple, harcelé, poursuivi par des ennemis implacables ; c'était pitié de voir, au milieu des tourbillons de poussière, cette foule confuse, chargée de ses effets les plus précieux, avançant péniblement, hommes, femmes, enfans, couverts de sueur et de poussière ; une sombre pâleur sur tous les fronts, un morne silence interrompu seulement par les gémissemens sourds des troupeaux que les exilés chassaient devant eux. Tantôt, un vieillard se traînant à grand peine, et jetant un dernier regard sur les champs qu'il avait si long-temps cultivés ; un Barba, accablé d'années, porté sur les épaules de ses fils ; çà et là, un épieu sanglant, un blessé soutenu par son frère. Puis enfin, les rangs serrés d'hommes et de Jouvenceaux armés, dont la figure portait en même temps l'empreinte d'une douleur profonde et d'une impassible résignation, de fierté et de constance. Pas un cri, pas une larme ; quelque chose de morne, de sévère, inspirant plutôt l'effroi que la compassion.

Au premier rang, marchait sans voile, les cheveux épars sur ses épaules, Joanna, la mère de Peyre. Son visage maigre, ses traits prononcés, ses yeux brillans de désespoir, l'expression énergique de son visage, en faisaient comme la nation exilée personnifiée dans une seule femme. Elle cheminait d'un pas assuré, la tête haute. Tous l'entouraient avec respect ; c'était la mère de Peyre.

Le Maïor de Pérosa avait tenu parole. Ne voulant pas tenter un combat inégal et inutile, après une simple escarmouche d'avant-garde avec le corps d'armée du sire d'Osasco, qui avait envahi Pérosa, il s'était replié rapidement sur le val d'Angrogna. Cette manœuvre s'exécuta avec le plus grand succès. Parvenu au but sans accident, il établit son peuple dans une position très-forte au pied de la Valchera, traça un camp fortifié, et commença une barricade qui devait couper le seul endroit encore accessible. Ensuite, exerçant avec vigueur l'autorité dont Vincens l'avait investi, il pourvut à la défense du val, distribua le contingent de Lucerna, qui venait d'arriver, dans les points importans : Thomassino Laürenti, dans la plaine en avant du défilé della Cava; Gorrano, au roc della Torre; et le Régidor Lauro, au-delà du Revangiero, pour défendre la seule entrée du val qu'il crût connue des ennemis. Présent partout à la fois, il donnait des ordres et veillait à leur exécution. Alors, sur sa physionomie naturellement hardie et fière, l'audace et la fermeté semblaient encore plus fortement empreintes. On sentait qu'il avait prévu le danger et qu'il s'en jouait en lui-même. Il semblait s'ébattre et se réjouir dans cette orageuse tempête de guerre qui venait fondre sur les vallées, comme un oiseau de mer qui bat de l'aile et se hérisse à l'approche de l'ouragan. Il avait atteint son but. Il régnait sur ses concitoyens par cet ascendant que prend l'énergie et le courage sur la faiblesse et la peur aux jours du danger.

Cependant il rencontra de la résistance, et ce fut lorsqu'il voulut commander aux Jouvenceaux d'Angrogna. Ils se dirent entre eux qu'il n'était pas leur chef, et ses ordres furent mal exécutés. Embrassant tout dans sa prévoyance, il avait ordonné à Ricciardo de réunir ses fidèles et de se rendre en toute hâte à Buona Notte pour s'emparer des défilés qui conduisaient à Fenestrelles; Ricciardo hésita longtemps, et lorsqu'il partit, il était trop tard.

—Voilà le résultat de la faiblesse d'Antony, dit Alphand. Il leur a permis de nommer Raymond pour leur chef.

—S'ils attendent ce chef pour marcher, répondit Peyre avec un sourire ironique, nous combattrons sans eux. Aussi je confierai à nos amis tous les postes importans, les clefs du val. Tu seras placé avec ton détachement au Pra del Torno.

—A propos de Raymond, tu laisses Paolina chez Antony?

—Qu'en ferais-je? Elle est mieux là que partout ailleurs.

—Elle pourrait trop parler peut-être.

—De quoi? Elle ne sait rien. Dailleurs le coup est porté, et jamais une première impression ne s'efface. La lettre qu'Antony a lue serait vingt fois démentie, qu'il en resterait toujours assez dans son esprit. Ensuite... je suis bien aise que Paolina et Marya puissent causer ensemble.

Alphand se mit à rire.—Je comprends ; elle servira en même temps à tromper le père et à détromper la fille.

En ce moment ils entendirent dans le fond de la vallée un bruit de clameurs confuses, et ils virent accourir précipitamment vers eux le fils de Bastia.

— Qu'y a-t-il? s'écria Peyre effrayé de son trouble.

— C'est Alias, c'est Joan, ce sont tous ces écervelés qui courent vers la Casa en poussant des cris de triomphe, et en portant au milieu d'eux Raymond qui arrive de San Secondo.

— Alphand, dit Peyre avec un calme effrayant, tu vas aller à la Valchera presser les travaux de la barricade, et surveiller l'exécution sévère des ordres que j'ai donnés. Pour moi, je vais chez Antony.

En disant ces paroles, il rejeta son épieu sur son épaule, baissa la tête, et descendit rapidement le long du ravin.

XVIII.

Le Duel.

———

Un bruit inaccoutumé avait ébranlé les salles paisibles de la Casa d'Antony. Des cris, s'élevant de la vallée, semblaient annoncer des événemens extraordinaires, et une foule agitée se pressait autour du lieu où le conseil des Barbas s'était rassemblé. Tout jetait l'effroi dans l'âme inquiète et craintive de Marya. Depuis si long-temps chaque jour lui amenait de nouvelles souffrances, que chaque jour elle en attendait de nouvelles, et la crainte du malheur futur aggravait encore le malheur présent.

Aussi, appuyée contre la haute fenêtre de la Casa, seule et tremblante, elle cherchait à saisir le sens des bruits confus qui s'élevaient autour d'elle, à distinguer dans l'ombre croissante de la nuit qui tombait sur la montagne les mouvemens de la foule, et à comprendre la cause de cette effrayante et nouvelle agitation.

Tout à coup un groupe d'hommes se détacha et passa rapidement devant elle.

—Pour Dieu! cria-t-elle à celui qui marchait le premier la tête haute et gesticulant avec force, qu'y a-t-il?

—La guerre! lui répondit une voix rauque et animée encore par la colère. Le conseil des Barbas vient de la décider.

—La guerre! répéta Marya avec terreur, et pourquoi plutôt aujourd'hui qu'hier?

—Parce que le prince le veut! repartit celui qui marchait le second. Mais patience! il saura bientôt ce que pèsent les épieux d'Angrogna!

Et ils passèrent.

—Au nom de Dieu! dit Marya en arrêtant un vieillard qui venait ensuite la tête baissée et à pas lents. Comment a-t-on su ce soir la volonté du prince ?

Sa voix était émue ; car la crainte et l'espoir partageaient son cœur.

— La volonté du prince ? répéta le vieillard en la regardant avec surprise.

— Eh ! oui; comment sait-on qu'il veut nous faire la guerre ?

— Il l'a prouvé ; car il a déchiré notre supplique, et jeté le jeune envoyé, le beau Raymond de Pragela, dans les cachots de l'inquisition.

Frappée de cette nouvelle inattendue, Marya retomba, incapable d'en demander et d'en entendre davantage. Le vieillard continua son chemin.

Raymond dans les cachots de l'inquisition ! grands dieux ! Cette horrible pensée remplissait l'âme de la jeune fille. Elle ne pouvait ni penser, ni réfléchir, ni se mouvoir ; accablée, éperdue, sans force, sans mouvement, elle était comme noyée et perdue dans le seul sentiment de sa douleur..... Quand tout à coup elle crut sentir une main qui pressait la sienne... Elle se souleva et tourna de ce côté ses yeux égarés.... Grand Dieu ! au milieu de l'ombre, elle crut reconnaître... les traits, la taille, le regard de Raymond! Se serait-elle trompée?

—Douce amie, lui dit-il, ne me reconnais-tu donc pas?

—O mon Dieu! mon Dieu! s'écria Marya en posant avec force sa main sur son cœur; est-ce toi? Oh, je me meurs! Raymond, parle-moi encore!

—Marya! Et il tomba à ses genoux. Oui, c'est moi. M'as-tu donc oublié? C'est moi que Dieu et ton amour ont protégé; c'est moi qui reviens mettre à tes pieds la vie que je t'ai dévouée, et dont le sacrifice n'a pas encore été accepté cette fois. Oh, je t'en prie! dis-moi que je suis encore le bien venu!

—O mon Raymond! et moi qui te croyais perdu! Et elle passa son bras autour du cou du jeune homme à genoux devant elle. Oui, je bénis le ciel d'avoir écouté ma prière...

—Oh, sans doute, je le savais bien; c'est à toi que je dois la vie. Dieu même ne peut rien refuser à Marya. C'est à tes genoux que je te remercie de m'avoir sauvé, surtout parce que je puis t'aimer encore et te le dire!

Marya n'essayait pas de dégager sa main que

Raymond avait saisie et qu'il portait à ses lèvres ; lorsque dans le coin le plus éloigné de la salle, du fond de l'ombre la plus profonde, il sortit comme un gémissement... comme un soupir de désespoir... Mais les deux amans ne l'avaient pas entendu. Ils restaient en silence, absorbés dans leurs pensées, enivrés par leurs regards qui se confondaient avec extase, oubliant leur solitude, l'obscurité qui les entourait, oubliant le monde entier.

—Mon Dieu ! murmura la jeune fille, était-ce donc pour m'éprouver que vous m'avez annoncé le mal ? Ah, donnez-moi des forces pour supporter la joie, puisque vous m'en avez donné pour supporter la douleur !

—Marya, Marya ! lui dit Raymond, te souviens-tu de nos adieux ? Alors, au moment où nous nous séparions, pour toujours peut-être, tu as accepté le don que je te faisais de mon cœur et de ma vie ; tu m'as attaché à toi par ce gage d'amour, par cette chaîne qui me lie et que je porte encore comme un talisman. Tu m'as reçu à merci comme ton esclave ; mais alors ma vie pouvait ne se composer que d'un jour. Maintenant elle peut de nouveau devenir belle et glorieuse ; eh bien ! je te la donne encore. Je t'aime, je te le dis. Réponds-moi comme le jour de nos adieux!...

Et il avait passé son bras autour de la taille de la jeune fille. Emue, palpitante, elle allait répondre...

Ce ne fut plus un soupir; ce fut un cri de douleur qui s'élança du fond de la salle... Et en même temps la porte contre laquelle Raymond était à genoux, s'ouvrit vivement. La lueur incertaine du croissant de la lune à son lever pénétra dans la salle, éclaira Raymond et Marya, et montra sur le seuil la grande figure de Peyre, qui fit deux pas... et s'arrêta, saisi de surprise au spectacle qui frappait ses regards. Marya effrayée se dégagea vivement des bras de Raymond, qui, se levant brusquement par un mouvement instinctif, passa entre elle et son rival comme pour la protéger.

Peyre fit un mouvement terrible pour s'élancer sur lui. Mais il s'arrêta en chancelant, et croisa ses bras sur sa poitrine. Ses yeux flamboyaient dans l'ombre, et ses mains raidies tremblaient contre son sein. Puis, par un prodigieux effort sur lui-même, domptant ce premier mouvement de surprise, son visage redevint calme et sombre. Il posa la main sur le bras de Raymond.

—J'aurai demain quelque chose à te dire.

—Je suis prêt à t'écouter, répliqua Raymond avec hauteur.

—J'y compte, repartit Peyre avec sang-froid. Et il s'avança dans la salle. — Pourquoi donc sommes-nous sans lumière ? reprit-il avec une expression d'ironie amère. Il est nuit, et cela est dangereux.

A ce moment, du fond de la salle, se leva une figure pâle comme un fantôme, enveloppée d'un voile noir comme d'un linceul. Elle fit quelques pas vers Peyre, qui, à la vue de cet objet éclairé par la lune, recula avec surprise ; elle murmura quelques sons plaintifs, étendit les bras vers lui avec un geste de menace, et tomba sur le sol. Peyre avait reconnu Paolina ; il se précipita vers elle, et la releva : elle était sans connaissance.

—Pauvre enfant ! murmura-t-il. Tu aimes, et tu n'es pas aimée ! Oh, je te plains, car je ressens aussi ta peine... Mais fais comme moi ! je suis trahi, eh bien ! je me vengerai !

Suzanna entrait, portant un flambeau.

—C'est l'étrangère ! s'écria Marya.

—Quelle étrangère ? demanda Raymond.

— Il ne s'agit pas de cela! interrompit Peyre brusquement. Cette femme se meurt; il faut la secourir. Suzanna, prenez une lampe et conduisez-moi. Je vais la porter dans sa demeure.

—Quoi ! tu ne connais pas cette femme ? dit Marya à Raymond pendant que Peyre s'éloignait.

—Moi? Jamais je ne l'ai vue.

—Cependant, elle est entrée ici en demandant ton nom.

— Vraiment? Comment donc l'avait-elle appris?

L'air de sincérité de Raymond acheva de persuader Marya.

— Tu ne la connais pas? Ah, tant mieux !

— Pourquoi cela? demanda Raymond avec surprise.

—Adieu ! Et Marya s'enfuit légèrement.

En ce moment, Martin revenait du conseil avec Antony et les autres Barbas. Une profonde tristesse était empreinte sur sa figure; mais on y lisait en même temps une sincère résignation.

— Raymond, dit-il d'une voix émue en

s'approchant de son fils, tu te tiendras prêt à m'accompagner demain, au point du jour.

—Où, mon père ?

—Tu le sauras... assez tôt. Tâche de trouver le repos cette nuit. Tu en auras besoin.

Il n'était pas encore jour lorsque Martin se mit en marche avec son fils le lendemain. Il serra la main d'Antony, donna à Marya la bénédiction paternelle, et partit.

Ils avancèrent assez long-temps en silence; Martin semblait enseveli dans de tristes et profondes pensées que son fils n'eût pas osé troubler. Quelquefois l'œil du vieillard se levait sur lui, et alors on y voyait briller une larme qu'il cherchait en vain à retenir.

—Où allons-nous ainsi, père ? lui demanda enfin Raymond.

—Tu n'iras pas loin d'ici, répondit le Barba d'une voix altérée : je te dirai dans un moment ce que tu as à faire.

Malgré son inquiétude croissante, Raymond s'inclina en silence, et ils continuèrent leur route.

Lorsqu'ils furent arrivés à l'endroit où le chemin se partageait, descendant d'un côté dans la vallée le long de l'Angrogna, et de l'autre côté se dirigeant vers le val San Martino, Martin s'arrêta, et jetant sur Raymond un regard plein d'une douloureuse résignation.

—Arrêtons-nous ici, dit-il ; Raymond, nous allons nous séparer.

Comment, père ? répondit précipitamment le jeune homme.

—Oui, tu restes ici, dans la vallée, où ton bras est nécessaire. Moi, je pars. Je vais trouver les fidèles de France, et hâter leur marche.

—Quoi ! seul ! sans moi pour te protéger et te défendre ! Oh non, jamais ! père, je ne t'ai jamais quitté, et je ne te quitterai pas davantage aujourd'hui que le péril peut t'atteindre sur la route que tu vas parcourir ; je...

—Raymond ! interrompit Martin avec fermeté. Cela est décidé. Je pars seul.

Le jeune homme sentit sa voix expirer sur ses lèvres.

—Tu as été élu chef par la jeunesse d'Angrogna. Tu dois à la confiance qu'elle t'a témoignée de rester au premier rang dans le moment du danger. Si tu m'accompagnais, tu aurais l'air de fuir; et pour moi, j'ai encore assez de force et de prudence pour marcher seul et sans ton appui.

—O mon père! dit Raymond les yeux baignés de larmes, pourquoi me parler ainsi? N'ai-je pas assez de douleur en te quittant?

—Tu n'en montres que trop, Raymond, répliqua son père avec tendresse. L'homme doit renfermer dans son cœur la douleur comme la joie, et montrer un front égal et serein à toute fortune. Tu as besoin de cet empire sur toi, mon fils; l'expérience te le donnera. Fasse le ciel que les épreuves ne soient pas trop rudes!

Un profond soupir fut la seule réponse du jeune Vaudois, et il porta la main à son front pour cacher ses larmes.

—Nous allons nous séparer, Raymond; pour une absence momentanée, si telle est la volonté de Dieu; nous nous reverrons encore, j'espère, dans cette vallée de douleur et de larmes, habitation de l'homme. Et quand même nous devrions ne nous revoir qu'au dernier jour, sous la face du Créateur... faite soit sa sainte volonté! — Raymond, tu vas rester seul pour la première fois au milieu de tes frères. Je te connais, Raymond; je crois que tu peux y paraître avec éclat; mais crains de prendre ton vol trop haut avant d'avoir fortifié tes ailes; réprime ce courage sans frein qui ne peut engendrer que des malheurs; mets ta confiance dans le Très-Haut dont l'œil bienveillant est ouvert sur toi jusqu'au fond de ces montagnes; invoque-le dans la sincérité de ton cœur, et il te répondra. Qu'il soit ton seul espoir au milieu de cette vie hérissée de ronces et de souffrances. Si par sa sainte volonté tu venais à perdre le père qu'il t'a donné ici-bas, songe qu'il est ton père dans le ciel. Je n'ai plus à te dire que cette divine parole : — Raymond, aime ton Dieu de tout ton cœur, et ton prochain comme toi même. — Adieu, mon fils.

Et le vieillard posant ses deux mains sur le front du jeune homme qui avait plié un genou vers la terre, y déposa le baiser paternel. Puis il continua sa route. Raymond resta immobile, jetant un long et triste regard sur son père qui s'éloignait. Un sinistre pressentiment semblait lui dire que ce regard devait être le dernier.

Il revenait lentement, accablé de douleur. A peine les premiers rayons du matin éclairaient la route. Le temps était lourd, et une longue file d'épais nuages à l'horizon semblait

annoncer le retour momentané de l'ombre.
Raymond traversait le bois en s'approchant de
la demeure d'Antony, lorsque le bruit d'une
conversation animée parvint à son oreille.

... — Je t'ai aimée et servie pendant de longues années, disait-on, et voilà le fruit de tant de soins et d'amour! Mes biens, mon repos, ma vie, j'ai tout mis à tes pieds... et tu m'avais promis une autre récompense.

— Je ne t'ai rien promis! répondit une voix de femme, et Raymond reconnut celle de Marya, mais animée par l'indignation.

— Quoi! ne m'avais-tu pas fait espérer qu'un jour tu serais à moi? Depuis deux ans ne m'as-tu pas laissé croire que tu m'aimais, Marya? et dans cette trop douce confiance, n'ai-je pas obtenu le consentement de ton père?

— Je crois, certes, qu'il ne t'a pas encore donné le droit de te faire l'espion de ma conduite, et le tyran de mon cœur.

La réponse, prononcée d'une voix altérée par la colère, échappa à Raymond.

— J'ai déjà trop long-temps écouté ces paroles offensantes, répliqua Marya avec hauteur; ces paroles, qui n'auraient jamais dû sortir de ta bouche ni surtout frapper mes oreilles. Je ne puis ni ne veux les entendre davantage.

Et le bruit précipité de ses pas apprit à Raymond qu'elle s'éloignait... — On parlait cependant encore... — Raymond suivit à quelque distance, et lorsqu'il sortit du bois, il vit de loin Marya rentrer chez son père, et Peyre arrêté sur le milieu de la route

Peyre tressaillit en l'apercevant à son tour, regarda rapidement autour de lui et s'approcha. Son visage était tranquille, mais sombre. À travers ce calme apparent, on voyait sur les plis de son front et de ses sourcils les traces des plus violentes passions, et ses regards étincelans trahissaient sa secrète agitation.

— Maintenant que nous sommes collègues, dit-il à Raymond avec un sourire amer, je pense que nous devons nous communiquer tous nos desseins, pour agir toujours de concert; et j'ai quelque chose à t'apprendre qui sans doute te fera plaisir.

— Je suis prêt, répliqua Raymond.

— Eh bien, viens! — Et il marcha devant.

Raymond ne pouvait se dissimuler que s'il se laissait entraîner par la fougue habituelle de son caractère, un combat à mort devenait presque inévitable. Mais au moment où une guerre terrible menaçait les fidèles, il aurait regardé comme un crime de priver la sainte cause d'un défenseur tel que Peyre. Aussi, malgré le feu de la colère qu'il sentait fermenter involontairement dans son sein, il résolut d'éviter toute querelle, et même de refuser le combat. Il s'arrêta donc après quelques instans d'une marche rapide, et fixant un regard assuré sur le visage sombre et sévère de son compagnon :

— Peyre, lui dit-il, je crois deviner ce que tu veux m'apprendre ; et en ce cas l'intérêt des fidèles me défend d'aller plus loin.

Peyre l'interrompit avec un geste de mépris.

— Il me semble, dit-il fièrement, que l'intérêt des fidèles doit m'être aussi cher qu'à toi. Je te conseille de me suivre.

Et il se remit en marche. Raymond le suivit. Ils se dirigeaient vers le Pra del Torno, et gravissaient rapidement les rochers qui en défendent les approches. Un léger souffle de vent se faisait à peine sentir, trop faible même pour agiter les arbres épars dans les fentes de la pierre. Cependant des nuages épais et noirs s'avançaient avec vitesse vers le milieu du ciel et s'amoncelaient sur les montagnes. — Or, les deux Vaudois étaient arrivés au défilé della Cava, entrée du Pra del Torno, lieu imposant et désert. Là, le long du sentier tournant sur les pierres glissantes, s'ouvrait un abîme où bondissait le torrent. Peyre s'arrêta, appuya sa main sur le bras de Raymond, et lui montrant les nuages.

— Le ciel se met en deuil! dit-il avec un sombre sourire; — C'est pour un de nous deux.

— Que veux-tu dire?

— Je veux dire que nous allons combattre ici jusqu'à la mort. Prépare-toi.

— Tu te trompes, Peyre, repartit Raymond avec sang-froid. Nous ne pouvons combattre maintenant. La sainte cause de la liberté et de la religion n'a pas trop de défenseurs ; je ne me battrai pas.

— Non! non! s'écria Peyre, vains prétextes de lâcheté! Nous ne pouvons plus vivre ensemble ; nous sommes prédestinés à nous nuire ; il faut que l'un laisse le champ libre à l'autre.

Raymond se croisa les bras, déterminé à ne pas tirer l'épée.

— Il est vrai que tu as toujours cherché ma perte ; mais moi, jamais je n'ai voulu la tienne.

—Tu n'as pas voulu! interrompit Peyre, les

yeux brillans de fureur. — Tu n'as pas voulu! et chacune de tes actions a été pour moi un sujet d'éternels chagrins. C'est toi qui m'as enlevé la dignité dont j'étais revêtu; c'est toi qui m'as enlevé ma fiancée! Partout depuis un an je t'ai trouvé sur mon chemin; partout tu t'es joué de mes projets. Vainement je t'ai noirci auprès des fidèles; vainement je t'ai précipité dans un piége où tout autre eût péri; tu en es sorti triomphant. Où la ruse est impuissante, le fer devient nécessaire. Ta mort ou la mienne aujourd'hui!

— Fourbe! répliqua Raymond s'animant peu à peu; certes, de tels aveux mériteraient cette récompense! mais l'intérêt de mes frères me retient le bras.

— Écoute; je te hais, mais je te rends justice; toi seul étais digne d'être le rival de Peyre. Je veux que la cause de la liberté triomphe, et c'est à moi ou à toi que la gloire doit en appartenir. Que l'un de nous deux périsse, et l'autre régnera sans obstacle sur les fidèles. Vois-tu ce torrent? Là sera jeté le cadavre, et nul ne saurait l'y retrouver. Personne ne nous a vus nous rendre ici, personne ne viendra nous interrompre. Si tu succombes, le torrent sera ton tombeau; si je meurs, traite-moi comme je t'aurais traité; et conduis au combat nos frères en ma place. On me croira la première victime de l'idolâtre, et mes fidèles de Pérosa ne chercheront à venger ma mort que sur lui. Seulement je te recommande et ma mère, et cette malheureuse femme que tu as vue hier chez Antony et dont j'ai causé la perte. Rends-la à sa famille, et tâche de réparer mes torts envers elle, car pour moi, je ne le pourrai jamais. — Mais c'est assez, et déjà trop de discours. Défends-toi.

— Non, répliqua Raymond avec fermeté ; je ne me battrai pas. Je retourne à la Casa.

— Pour y retrouver Marya sans doute ? repartit Peyre avec une expression terrible de rage et d'ironie; pour lui montrer en triomphe le ceinturon destiné au sauveur de son père, et dont elle a orné le sein de l'étranger ? Lâche ! ton bras est fait plutôt pour serrer la taille d'une jeune fille au déclin du jour, que pour manier l'épée !

Raymond sentait la colère s'emparer de lui. Il portait involontairement sa main à la hache d'armes passée dans sa ceinture.

— Viens, gentil troubadour ! continua

Peyre ; viens, lâche ménestrel de Provence ! qui ne sais que séduire une femme ! Tu vas recevoir de ma main la récompense que tu mérites. Voici le jour de tes fiançailles avec la fille d'Antony ! — et il s'avançait l'épée haute.

— Par les Saints Anges, ma patience est à bout ! s'écria Raymond ; mais les armes seront égales.

Et jetant loin de lui sa hache, il tira son épée et courut sur son rival. Un combat furieux s'engagea.

Tous deux maniaient leur arme avec une égale adresse ; Raymond avait plus de souplesse et d'agilité, Peyre peut-être plus de force que son adversaire. Un spectateur impartial n'eût su auquel promettre la victoire. A chaque instant la pointe acérée de la dague effleurait leur poitrine. La sueur découlait de leur front ; leur haleine pressée battait leurs flancs. — Personne ne pouvait les séparer à cette heure, dans ce lieu écarté. Le ciel était extrêmement sombre ; la nuit semblait être revenue sur la montagne, et le mugissement du torrent bruissait comme un glas de mort.

Enfin, une expression féroce de joie se peignit sur le visage de Peyre. Le sang de Raymond avait teint la pointe de son glaive.

Mais la blessure était sans doute légère, et le jeune Vaudois en fut plus irrité qu'affaibli, car Peyre, ne pouvant soutenir son rude assaut, recula de quelques pas en chancelant, et sa toque tomba.

Ils combattirent encore ainsi quelque temps.

XIX.

Invasion.

—

— En avant, hommes d'armes ! disait d'une voix forte Claude Jehan de Chantepleure. — Par saint Ferréol d'Abbeville ! nous entrons sur la terre d'hérésie. Il y a des coups à donner et à recevoir ; mais aussi de l'argent à prendre à ces manans. Nous allons remplir nos boursettes, enfans ; et elles en ont parbleu grand besoin, si elles sont toutes aussi plates que la mienne.

— Cela est bien dit, capitaine, répliqua le lieutenant d'armes ; il y a déjà long-temps que je suis malade d'un flux de bourse. Mais, Dieu merci, l'argent ne connaît ni Dieu ni diable ; il sera bon quoique pris à des sorciers..... Au reste, nous pouvons le faire exorciser par le frère Angelo.

Chantepleure haussa les épaules de pitié à ce propos. Il suivait, à la tête de ses hommes d'armes et d'une troupe nombreuse d'archers, la route de Fenestrelles indiquée par Champollion.

— Attention, cria-t-il ; serrez les rangs. Aussi bien, il fait noir comme dans la gueule du sépulcre.

— Capitaine, dit le lieutenant d'armes, jetant un regard inquiet sur les pics des montagnes qui s'élevaient devant eux et semblaient se confondre avec les nuages.—Ne pourrions-nous pas, avant d'entrer dans ce repaire de Satan, attendre un peu qu'il fît plus jour ?

— Ouais ? répondit Chantepleure en le regardant de travers. — Si vous trouvez qu'il ne fait pas assez jour, il faudra, par la corbleu, mettre le feu aux masures hérétiques pour vous éclairer.

— Noël! crièrent les soldats, et ils marchèrent le plus rapidement possible; mais il faisait de plus en plus noir, et le chemin se perdait dans les rochers. — Ventre saint Quenet! murmura Chantepleure en s'arrêtant pour consulter la carte, qu'il tira de son baudrier.

— Nous nous égarons, capitaine, dit avec sang-froid le lieutenant.

Mais ce sage avis, qui arrivait évidemment trop tard, irrita le capitaine au lieu de le calmer.

— Que le diable t'emporte! crois-tu que je manque d'yeux pour le voir? Et ce damné fourbe de Champollion qui se vantait de m'avoir tracé là clairement le chemin de la montagne! Puisse-t-il se rompre les os! Allons cependant, camarades; marchons toujours; tout chemin mène à Rome!

Et chantonnant un refrain comme pour s'étourdir, il s'enfonça dans le ravin, non sans jeter de temps en temps, malgré son insouciance apparente, un regard de défiance autour de lui.

— Parbleu, murmura-t-il entre ses dents, il est cependant heureux que les malandrins ne se soient pas embusqués là-dedans; nous serions mal à notre aise.... Serrez les rangs, hallebardiers ! Attention, archers ! cria-t-il tout à coup, croyant apercevoir un corps de troupes qui se mouvait dans l'ombre. — C'étaient en effet Sacquet et ses hommes d'armes qui venaient par l'autre chemin se réunir à l'avant-garde.

Le terrain devenait plus uni. Ils débouchaient dans la plaine du Revangiero. Devant eux était le hameau vaudois de Buona Notte.

— Tête Dieu, camarades, cria Sacquet, voilà le moment ! Nous allons avoir une belle journée; mais je crois qu'elle sera chaude.

— Ma foi, je ne crains rien, dit un soudard; car j'ai dans mon baudrier un peu du lait della Madona que le père Angelo m'a donné ce matin.

— Et moi, un os de sainte Agnès, repartit un autre.

— Et moi deux pieds et demi d'acier dans la main, interrompit Chantepleure avec un grand éclat de rire, — et je crois que cela vaut mieux !

Chantepleure avait raison. Car à ce même

moment, une pierre lancée avec force vint tout à coup frapper au milieu de la visière ouverte le porteur de l'os de sainte Agnès, et le jeta sur le sol à la renverse. Une troupe de Vaudois se montra alors au détour de la route.

Ce fut un cri et une confusion parmi les soldats. Mais les Vaudois étaient trop peu nombreux pour profiter de leur surprise. Ils lancèrent une seconde volée de pierres et s'enfuirent à travers les rochers. Les hommes d'armes ne purent en atteindre aucun. Bientôt on entendit au loin dans la plaine, un murmure de cris et de signaux. — Ils avaient répandu l'alarme.

Il était déjà trop tard. Les soldats de l'Eglise, avançant au galop, entraient dans le village. Le pauvre peuple, surpris par cette attaque imprévue, fuyait dans la plus grande confusion. Quelques Jouvenceaux et hommes armés, qui auraient pu, s'ils avaient su s'y prendre à temps, interdire le passage des défilés à toute une armée, résistèrent seuls, et s'embusquant derrière des troncs d'arbres, des pierres amoncelées, des chariots renversés qui barraient la grande rue, arrêtèrent quelques instans les hommes d'armes.

— A moi, enfans ! cria Chantepleure. Il n'y a qu'un saut et deux enjambées. — Et le premier, il franchit la barricade.

Les Vaudois combattaient cependant encore avec courage, animés qu'ils étaient par l'exemple d'un grand et hardi jouvenceau qui se tenait toujours au premier rang et avait déjà renversé deux hommes d'armes.

— Ventre du pape ! dit Sacquet, ce ne peut être que l'ambassadeur, mon doux ami des montagnes ! Vive Dieu ! je vais payer ma dette à l'Eglise, ainsi que je le lui ai promis.

Il courut alors sur le Vaudois, qu'il ne pouvait bien reconnaître au travers de l'ombre ; celui-ci, leste et dispos, évita le choc pesant de l'homme d'armes en se rejetant de côté, et lui porta un vigoureux coup d'épée. Mais la faible lame rencontra le gorgerin bien trempé du capitaine, et se rompit.

— Tu vas voir que mon estoc est plus solide que ce joujou d'enfant, dit Sacquet en ricanant, et il le lui plongea dans la poitrine jusqu'à la croisée d'acier. — Ricciardo tomba.

— Ce n'est pas le mien, dit alors Sacquet en le considérant; mais c'est tout un... l'un vaut bien l'autre.

Les Vaudois se dispersèrent, tiraillant de côté et d'autre sur les soldats.

— Allons, allons, il faut en finir, dit Chantepleure impatienté. — Au feu! au feu! Donnons au sire d'Osasco le signal convenu.

Et bientôt les cassines de bois furent en flamme. Les pauvres Vaudois, forcés de fuir devant l'incendie, se répandirent çà et là dans la plaine. A sac! à sac! hurlaient les soldats se ruant de tous côtés sur les pauvres fugitifs, tandis que la haute gerbe de feu et de fumée se balançait ondoyante sur le ciel orageux. A sac! à sac! et ils avancèrent en longues colonnes dans la campagne le fer et la flamme à la main.

Le combat à mort durait encore entre Peyre et Raymond, lorsque tout à coup la lueur sinistre de l'incendie pénétra dans le défilé, et par une échappée des précipices, les deux adversaires purent apercevoir le tourbillon de flammes s'élancer vers les nuages.

—C'est la Casa! s'écria Raymond se rejetant

vivement en arrière. Malédiction! l'ennemi est dans la vallée! Peyre, nous nous retrouverons plus tard!

—Reçois celui-ci en en attendant! et s'élançant la lame haute, Peyre lui en déchargea un coup terrible.

Bien en prit à Raymond d'être agile; il évita le coup en sautant de côté, et de la main gauche repoussa vigoureusement son adversaire, qui, déjà ébranlé par son effort inutile, perdit l'équilibre, et tomba rudement sur le bord du gouffre. Son glaive jaillit de sa main, et rebondit en résonnant sur les rochers.

Raymond lança sur son rival renversé et désarmé un regard de triomphe, se jeta sur sa hache, et descendit rapidement le défilé. Peyre se releva, la rage et la confusion dans le cœur, et le suivit.

Raymond arriva bientôt dans la plaine. Il rassembla ses jeunes compagnons qui, épars et troublés, ne savaient ni fuir devant l'ennemi ni l'arrêter. De tous côtés, reconnaissant sa voix et le son de son cornet, ils accoururent autour de lui et le suivirent avec intrépidité. Mais leur troupe n'était pas encore capable de repousser des forces aussi considérables. Raymond le sentit, et se contenta de protéger la fuite des faibles et des timides. Tantôt la hache d'une main et l'épieu de l'autre, il tombait à l'improviste sur les corps disséminés de l'ennemi, tantôt il se retirait rapidement devant les épais bataillons de l'Eglise ; attaquant et fuyant tour à tour, il était partout et nulle part. En même temps, Peyre ne restait pas oisif. Il plaçait ses compagnons sur les rocs della Torre, aux défilés du Pra del Torno, à la barricade de la Valchera ; roulait de lourdes roches au bord des précipices, abattait les arbres, amoncelait les pierres.

Cependant Antony, debout sur le haut d'un rocher, contemplait d'un œil ferme et sévère les progrès de l'ennemi et les efforts redoublés de Raymond. Marya tremblante et palpitante auprès de lui considérait aussi ce spectacle, respirant à peine, oppressée d'attention et de terreur. Son œil ne pouvait se détacher de la longue plume rouge de Pragela qu'elle voyait s'agiter et courir çà et là. Il y avait quelque chose d'attachant et de terrible à la fois dans ce tableau d'horreur et de dévastation. Au loin, ces rochers immenses et sombres, colorés d'une sinistre lueur; ce ciel noir où roulaient des tourbillons de flamme et de fumée; auprès, cette troupe faible et effrayée de femmes éperdues, d'enfans demi nus, de vieillards mornes de résignation; plus bas, cette armée active de jeunes guerriers, brisant les chemins, élevant des barricades, abattant les arbres qui tombaient comme d'eux-mêmes tant leur chute était prompte; ces formes nerveuses, ces visages expressifs, et cette grande figure de Peyre se portant partout à la fois, calme et impérieuse; dans la plaine, les soldats de l'Eglise, dont les cuirasses réfléchissant la flamme semblaient rougies et brûlantes; puis cette troupe si faible et si hardie qu'on voyait se précipiter avec impétuosité sur un ennemi si nombreux, s'élancer au travers des débris, paraître et disparaître au milieu des maisons fumantes; ce murmure solennel où se confondaient le bruissement lointain des flammes, le sifflement du vent, le choc des armes, les cris des guerriers, et qui venait mourir en glissant sur les rochers; enfin, cette attente terrible de la dernière heure de tout un peuple; tout remuait le cœur et un frisson presque religieux pénétrait jusqu'aux entrailles.

Raymond, combattant et reculant toujours, était parvenu jusqu'au fond de la vallée. Sa troupe, qui s'était considérablement accrue pendant le combat, se retira en bon ordre, mais accablée de fatigue, sur le flanc de la montagne. L'ennemi ne crut pas devoir le suivre, et s'établit dans la plaine. Tout faisait présumer que le reste de la journée serait tranquille, et que le combat ne recommencerait que le lendemain.

La troupe de Raymond fut accueillie par les fidèles avec des acclamations de joie. Elle n'avait perdu que peu de monde. La légère blessure que Raymond avait reçue dans son combat du matin n'était nullement dangereuse ; mais sa longue lutte avec un adversaire aussi redoutable que Peyre, et celle qu'il avait soutenue depuis, avaient tellement épuisé ses forces, qu'en se retrouvant parmi les fidèles, il tomba sur le sol, presque incapable de se relever. Quelques instants de repos et une légère nourriture le ranimèrent. Voyant que Peyre occupait les rochers et les barricades de la Valchera, il s'empara sur la droite des fortes positions de Costa Rossina et y rangea ses Jouvenceaux. Thomassino Laürenti à la tête des chefs de famille et des autres guerriers, se plaça entre eux. Un fort détachement d'exilés de Pérosa commandé par Alphand garda le défilé della Cava, protégeant ainsi le Pra del Torno, où furent amenés tous ceux que l'âge ou le sexe empêchaient de combattre. L'ennemi de son côté assit son camp sur une hauteur; et de nombreux détachemens se répandirent dans la plaine désormais sans défense, bouleversèrent les champs, arrachèrent les arbres, renversèrent les clôtures, et ne laissèrent pas pierre sur pierre dans les demeures.

Tout faisait prévoir une lutte terrible pour le lendemain. Les fidèles s'y préparèrent avec courage. Tandis qu'Antony parcourait la foule, répandant partout des paroles de consolation et d'espérance, les guerriers couraient renverser les cabanes en bois des chasseurs et des pâtres, éparses sur les rochers. Un grand nombre de ces planches, fortement assujetties, formèrent une longue chaîne de palissades au bord des précipices; les autres, auxquelles ils attachèrent des courroies, pouvaient par ce moyen se porter partout et garantir, comme autant de boucliers, les Vaudois contre les flèches des archers de l'Église. Toutes ces différentes manœuvres s'exécutaient avec promptitude et harmonie; tous s'aidant, s'exhortant, se conseillant mutuellement, chacun s'animant de l'exemple d'autrui. Il faudrait avoir assisté à un semblable spectacle pour comprendre comment des masses énormes de pierres étaient ébranlées, des arbres gigantesques abattus, des palissades et des fortifications élevées. On eût dit l'œuvre d'une puissance magique.

La nuit n'interrompit pas les travaux. Des feux nombreux furent allumés et les préparatifs de défense continués sans relâche.

Quiconque eût vu l'union qui régnait alors entre les deux chefs, Peyre et Raymond, n'aurait jamais pu croire qu'une haine envenimée les séparait, et que le matin encore ils tiraient l'épée l'un contre l'autre. Ils paraissaient avoir effacé de leur mémoire le souvenir de leur ancienne querelle et sacrifié leurs intérêts personnels à l'intérêt général. Peut-être de la part de Raymond était-ce dans ce moment un oubli complet et spontané, au lieu que chez Peyre, c'était le résultat d'une ferme volonté et d'une réflexion profonde. Cette contrainte imposée à son âme fière et impétueuse, donnait à toutes ses actions je ne sais quoi de grave et de réfléchi. On sentait que sous ce calme se cachait quelque chose qu'on ne pouvait deviner ; on le lisait sur sa physionomie, et cette expression vague et sévère, au milieu de l'agitation générale, imprimait à tous un sentiment indéfinissable de doute et de respect craintif. — C'était comme ces eaux dans l'obscurité, dont la surface est unie, mais qui semblent recéler des abîmes.

Ce fut surtout dans une journée semblable à celle qui venait de s'écouler, que l'on vit ce que valait ce caractère toujours maître de lui et supérieur à toute surprise. Calme, assuré, et comme impassible au milieu des cris et du désespoir, il avait tout calculé, tout prévu, tout ordonné; tout recevait de lui la vie et le mouvement.

Les travaux étaient terminés. On songea à prendre quelque repos; et, au milieu de ce peuple pour qui le jour suivant était peut-être le dernier, Antony Vincens invoqua le Dieu créateur. C'était un spectacle sublime d'émotions puissantes, de compassion profonde, de pitié jointe à un sentiment de terreur. Ces feux, ces armes, cette figure vénérable du Barba sur laquelle semblait planer le souffle divin, cette foule abattue, pleurante et gémissante sur le sol, ces hommes au visage mâle et cependant plein de contrition religieuse, épars çà et là dans les ravines, élevant leurs âmes vers le ciel comme vers leur unique refuge ; cet enthousiasme religieux au milieu des préparatifs du carnage, cet hymne de détresse de tout un peuple ; puis dans la plaine, les feux scintillant au loin, et le murmure sourd de l'idolâtre, qui étaient toujours là comme un signe, comme une menace constante et terrible ; Et au dessus de cette scène touchante, ce ciel noir où le regard se perdait, où ne brillait pas une étoile, qui semblait gros de courroux et de vengeance divine, qui se courbait comme pour enfermer la terre et s'appesantir sur elle... Tout homme, à cette vue, eût senti son cœur, eût-il été de fer, se briser, et une larme mouiller ses paupières.

En était-il de même dans l'armée de l'Eglise?

Le camp avait été établi sur les ruines du village d'Il Serre, incendié et pillé par les soudards. Une seule maison avait été conservée debout et servait de demeure au général, le sire d'Osasco. Tous les chefs se trouvaient alors réunis dans la grande salle.

Les châssis avaient été défoncés et rompus. Il en restait seulement des débris trop profondément scellés dans le mur pour en avoir été arrachés, et qui, brisés et tordus, dirigeaient leurs pointes aiguës vers l'intérieur. Les tentures déchirées pendaient hideusement en haillons sur les murs nus et noirs de fumée. Çà et là quelques sculptures charbonnées se voyaient encore sur les soliveaux. Sur le plancher, un banc, quelques escabeaux écornés, une table vacillante sur ses pieds disjoints, et au milieu d'un semblable dénûment, les riches vêtemens brodés, les brillantes armures du général et des capitaines formaient un contraste bizarre et pénible.

Le sire d'Osasco entrait. Il paraissait mécontent et soucieux. Il se promena silencieusement pendant quelque temps, tandis que les capitaines devisaient ensemble.

— Eh bien! messire Jehan de Chantepleure, que dites-vous de la journée? dit-il enfin, en s'asseyant sur un escabeau et en jetant sa hache d'armes ensanglantée sur la table à côté de lui.

— Vrai Dieu, messire, répondit Chantepleure, ce me paraît assez bien travaillé pour le temps qui court.

Le sire d'Osasco secoua la tête et fronça les sourcils.

— A tous les diables la plume rouge et sa troupe ! interrompit un officier. — Je crois, ma foi ! que Satan lui avait prêté ses ailes de chauve-souris pour paraître et disparaître dans ces vieux murs. J'ai reçu cinquante fois sa diabolique hache sur mon écu.

— Vrai Dieu ! s'écria Sacquet d'un ton passablement ironique ; il faut que votre écu soit de bonne trempe ; je crois que tout autre eût été fendu au second coup.

— Qu'est-ce à dire ? repartit l'officier avec hauteur.

— Ventre saint Quenet ! cela parle de soi-même, interrompit Chantepleure en riant. Quoi qu'il en soit, j'aurais voulu le tenir une seule fois devant moi.

— Et moi, j'aurais voulu vous y voir, répliqua vivement l'officier.

— En voilà assez, messires, interrompit le sire d'Osasco d'un ton impérieux en se levant.

— Parlons de ce que nous ferons demain, et non de ce que nous aurions fait aujourd'hui.

Les officiers s'inclinèrent.

— Je pense, dit Chantepleure, qu'il n'y a pas à réfléchir long-temps. Les montagnards sont devant nous ; il faut marcher sur eux, parbleu, des pieds... et des mains, si les pieds ne suffisent pas, et plumer Satan tout vif si on le trouve.

Le sire d'Osasco sourit.

— Bien dit, morbleu ! Il y a même mieux que cela. Voici Sacquet qui se fait fort de vous mener à son repaire de plain-pied.

— Oui certes, dit Sacquet. Je n'ai pas inutilement manqué de me rompre le cou à chaque pas en voyageant pendant trois jours dans ces montagnes ; je les sais par cœur, comme si j'y étais né, et je te conduirai au fin fond, mon ami.

— Vertu Dieu ! Je veux être de la partie, dit un autre capitaine, Lenoir de Montdeny.

— Ma foi, reprit le sire d'Osasco qui paraissait mécontent en lui-même, ils se défendront encore mieux que je ne l'avais pensé. Avez-vous remarqué, messires, leurs préparatifs sur les rochers ? S'il leur arrivait des secours des autres vallées, nous serions mal placés entre eux.

— Ne craignez rien, messire, répondit Sacquet. Songez que nous avons ici plus de dix-huit mille soldats, sans compter toute la gueusaille de Piémont qui accourt au pillage et qui sait encore jouer de l'épée. C'est à peine si les Vaudois en ont le tiers. Or, Lugano est entré, d'après vos ordres, en Val-Clusone; Giaccomo de Bragmarda, en San Martino; Giovanni Fioravante, en Lucerna. Ce sont de braves officiers qui commandent à de braves soldats. Nous ne verrons certes pas ici un seul Vaudois des autres vallées.

— Je ne demande pas mieux, dit le sire d'Osasco. Savez-vous qui commande les hérétiques?

— La plume rouge, répondit Sacquet; celui que vous avez vu à Pignerol.

— Ah! ah!... Je crois en effet m'en souvenir.

— Et le diable incarné de Pérosa, reprit un officier; Peyre d'Agrevol.

— Ah! ah! réitera le sire d'Osasco; un

brigand que nous aurions dû brûler en place publique en même temps que son père.

— Oui, mais il aurait fallu le prendre, murmura l'officier d'un ton goguenard ; et je ne sais qui s'en serait chargé.

— Qui encore ? demanda le général.

— Thomassino Lao... Lau... Laou.... je ne sais quoi, dit un officier.

— Bravo ! s'écria Chantepleure éclatant de rire ; nous voici bien forts avec un semblable renseignement !

— Et le possédé d'Antony Vincens sur le tout, reprit Sacquet.

— Parfaitement ! dit le sire d'Osasco. Maintenant, messires, chacun à son poste. — Messire Jehan de Chantepleure, vous ferez l'aile gauche. Vous auriez voulu avoir la plume rouge devant vous aujourd'hui, je vous l'adjuge pour demain.... A diable, diable et demi.

— Bravo ! cria Chantepleure. Je vous en rendrai bon compte.

— Vous savez, Sacquet, ce que vous avez promis, continua le général. Lenoir de Montdeny vous accompagnera, puisqu'il le désire. Vous aurez donc en tête ce Thomassino je ne sais quoi. — Pour moi, je me réserve Peyre de Pérosa.

— Il suffit, général, dirent les capitaines.

— Allons, messires, c'est ainsi décidé. Prenons du repos. A demain, après messe.

— A demain ! repartirent les capitaines.

Le lendemain, le sort des Vaudois allait donc se décider !

FIN DU PREMIER VOLUME.

TABLE.

—

INTRODUCTION.	1
I. Le Grand-Inquisiteur.	24
II. La Taverne de la Sainte-Croix.	38
III. Une Course dans les Montagnes.	50
IV. La Montagne et la Plaine.	69
V. La Chambrette.	75
VI. Le Maïor de Pérosa.	85
VII. Une Conférence.	97
VIII. George Martin, sieur de Champollion.	103
IX. De l'utilité d'un Confesseur.	107
X. Une Prédication.	116
XI. L'Homme nécessaire.	127
XII. Une Élection dans les Montagnes.	157

XIII. Le Voyage. 180
XIV. L'Assemblée. 193
XV. Monseigneur Charles de Piémont et de Savoie, roi de Chypre et de Jérusalem. 225
XVI. San Secondo. 235
XVII. La Découverte d'une trame criminelle. 267
XVIII. Le Duel. 291
XIX. Invasion. 311

FIN DE LA TABLE DU PREMIER VOLUME.

Bibliothèque
DE ROMANS MODERNES

PUBLIÉE PAR

AMBROISE DUPONT,

Libraire-Éditeur,

7, rue Vivienne, à Paris.

CATALOGUE.

1837

Librairie d'Ambroise Dupont,

7, RUE VIVIENNE.

Depuis longtemps on se plaignait généralement de ne pouvoir se procurer les bons ouvrages de l'époque qu'au prix de 7 fr. 50 c. le volume. Ce tarif trop élevé entravait le débit des livres en vogue et nuisait principalement à la prospérité des cabinets de lecture. Il en résultait que, surtout en province, les lecteurs étaient privés non seulement de la nouveauté des ouvrages quelconques, mais encore de la jouissance totale des bons. En effet, comme on ne pouvait à un pareil taux satisfaire complétement la curiosité publique sans cesse renaissante et les besoins si fréquemment répétés des lecteurs de nouveautés, on se rejetait sur la foule des ouvrages inférieurs, que leur peu de succès dans la capitale faisait répandre à vil prix dans les provinces.

C'est donc pour remédier à cet inconvénient et dans l'intérêt bien évident des acheteurs que je publie une réimpression des ouvrages les plus remarquables de ma librairie, sous le titre de *Bibliothèque de Romans modernes*.

En souscrivant pour 40 volumes au moins à la collection, qui en aura 60 environ, le prix est de 3 fr. le volume.

Chaque ouvrage se vend séparément 3 fr. 50 c. le volume.

Nota. Toutes les *publications nouvelles* annoncées à 3 fr. 50 c. le volume ne feront point partie de la *Bibliothèque de Romans modernes*, quel que soit le nombre de volumes que l'on prenne de cette collection.

PUBLICATIONS NOUVELLES
à 3 francs 50 centimes le volume.

En Vente.

L'HERBAGÈRE,

PAR

Le Vte d'Arlincourt.

2 vol. in-8°; prix : 7 fr. — Cet ouvrage a paru en avril 1837.

LES TEMPLIERS,

Par J. M. Brisset.

2 vol. in-8°; prix : 7 fr. — Cet ouvrage a paru en mars 1837.

Sous presse.

LES MÉMOIRES DU DIABLE,

Par FRÉDÉRIC SOULIÉ.

2 vol. in-8°. — Cet ouvrage paraîtra le 15 mai.

SUITE DES PUBLICATIONS NOUVELLES
à 3 francs 50 centimes le volume.

Sous Presse.

LES SOIRÉES
DE JONATHAN,
Par X.-B. SAINTINE.

2 vol. in-8°. — Cet ouvrage paraîtra le 25 mai.

LES MONTAGNARDS
DES ALPES,
Par FABRE D'OLIVET.

2 volumes in-8°.

L'AMOUR DU BAL,
Par MICHEL MASSON.

2 vol. in-8°.

Un Coeur pour deux Amours,
Par JULES JANIN.

1 vol. in-8°.

Les ouvrages ci-dessus ne feront point partie de *la Bibliothèque de Romans modernes.*

BIBLIOTHÈQUE

DE

ROMANS MODERNES

A 3 fr. le volume (¹).

(¹) Si l'on ne souscrit pas pour 40 volumes au moins à la collection, le prix sera de 3 fr. 50 c. le volume au lieu de 3 fr.

Bibliothèque de Romans Modernes.

En Vente.

Frédéric Soulié.

LES QUATRE ÉPOQUES,
2 volumes in-8°.

SATHANIEL,
2 volumes in-8°.

LE VICOMTE DE BÉZIERS,
2 volumes in-8°.

LE
CONSEILLER D'ÉTAT,
2 volumes in-8°.

LES
DEUX CADAVRES,
2 volumes in-8°.

LE MAGNÉTISEUR,
2 volumes in-8°.

Vte d'Arlincourt.

LE SOLITAIRE,
1 volume in-8°.

LE RENÉGAT,
1 volume in-8°.

DOUBLE RÈGNE
CHRONIQUE DU XIIIe SIÈCLE ;
2 vol. in-8°.

N. Fournier et A. Arnould.

STRUENSÉE,
HISTOIRE DANOISE DE 1769,
2 vol. in-8°.

ALEXIS PÉTROWITCH,
2 volumes in-8°.

Jules Janin.

LE CHEMIN DE TRAVERSE,

X.-B. Saintine.

LE MUTILÉ,
1 vol. in-8°.

UNE MAITRESSE DE LOUIS XIII,
2 vol. in-8°.

PICCIOLA,
1 vol. in-8°.

Michel Masson.

THADÉUS-LE-RESSUSCITÉ,
2 vol. in-8°.

UNE
COURONNE D'ÉPINES,
2 vol. in-8°.

UN
COEUR DE JEUNE FILLE,
1 vol. in-8°.

Mortonval.

Un Secret d'État,

1 volume in-8°.

CHARLES DE NAVARRE,

2 volumes in-8°.

DON MARTINGIL,

2 volumes in-8°.

Théodore Muret.

GEORGES OU UN ENTRE MILLE,

1 volume in-8°.

Mademoiselle de Montpensier,

2 volumes in-8°.

LE CHEVALIER DE SAINT-PONS,

2 volumes in-8°.

LES GUÉRILLAS,

Par le Comte de LOCMARIA ;

2 volumes in-8°.

Lottin de Laval.

MARIE DE MÉDICIS,

2 volumes in-8°.

ROBERT-LE-MAGNIFIQUE,

2 volumes in-8°.

UNE FÉE DE SALON,

Par ARNOULD FREMY ;

2 volumes in-8°.

SOUS LES VERROUS,

Par HIPP. RAYNAL,

Auteur de *Malheur et Poésie*.

1 vol. in-8°.

CHRISTOPHE SAUVAL,

ou

les Deux Familles.

Par ÉMILE DE BONNECHOSE;

2 volumes in-8°.

LE CANDIDAT,

Par la Baronne de LOS VALLES;

2 volumes in-8°.

Fin de la Bibliothèque de Romans modernes.

Ouvrages divers.

MÉMOIRES DE FLEURY,

de la Comédie Française.

6 vol. in-8°. — Prix de chaque vol., 7 fr. 50.
Le 6ᵉ et dernier paraîtra le 30 juin.

MÉMOIRES DE L'ABBÉ GRÉGOIRE,

ANCIEN ÉVÊQUE DE BLOIS, etc.

2 vol. in-8° ornés du Portrait de l'Auteur. — 15 fr.

NAPOLÉON,

POÈME,

Par EDGAR QUINET.

1 vol. in-8°. — 3 fr. 50.

AVENTURES D'UN MARIN DE LA GARDE IMPÉRIALE,

Par HENRI DUCOR.

2 vol. in-8°. — 7 fr.

NOUVEAU TABLEAU DE PARIS AU XIXᵉ SIÈCLE;

PAR MM. DE BALZAC, ALEXANDRE DUMAS, LÉON GOZLAN, ALPHONSE KARR, HENRI MARTIN, CHARLES NODIER, FÉLIX PYAT, MICHEL RAYMOND, LOUIS RAYBAUD, PAUL DE KOCK, MERVILLE, B. T. DUVERGER, AUGUSTE LUCHET, H. FORTOUL, GUSTAVE PLANCHE, FRÉDÉRIC SOULIÉ, MICHEL MASSON, ETC.

7 volumes in-8°. — Prix de chaque volume : 5 fr. 50.

LE BRASSEUR-ROI,

Par M. le Vicomte d'ARLINCOURT.

4 vol. in-12.

ÉTUDES POLITIQUES ET HISTORIQUES.

Par l'auteur de la *Revue politique de l'Europe en 1825*, etc.

1 volume in-8°. — Prix : 6 fr.

Christ et Peuple,

Par Auguste SIGUIER.

1 vol. in-8°. — Prix : 6 fr.

MON AMI
NORBERT,

Par M. MORTONVAL.

3 volumes in-12. — Prix : 6 francs.

LE VAGABOND,

Par M. MERVILLE.

4 volumes in-12. — Prix : 8 francs.

LE BARON
DE L'EMPIRE,

PAR M. MERVILLE.

5 vol. in-12. — Prix : 8 fr.

SOUS PRESSE.

L'ANE MORT ET LA FEMME GUILLOTINÉE, par Jules Janin; 1 vol. in-8°.

BARNAVE, par le même; 2 volumes in-8°.

LE COMTE DE TOULOUSE, par Frédéric Soulié; 2 vol. in-8°.

LE CAPUCIN DU MARAIS, par Mortonval; 2 vol. in-8°.

FRAY EUGÉNIO, par le même; 2 vol. in-8°.

LE FILS DU MEUNIER, par le même; 2 vol. in-8°.

LA DAME DE SAINT-BRIS, par le même; 2 vol. in-8°.

LES CONTES DE L'ATELIER, par Michel Masson; 4 vol. in-8°.

Bibliothèque
DE ROMANS MODERNES
PAR MM.

**Le Vte d'Arlincourt,
Aug. Arnould et N. Fournier,
Emile de Bonnechose,
J. Janin, Michel Masson,
Mortonval, Th. Muret,
X.-B. Saintine, Fréd. Soulié,
etc., etc.**

Cette BIBLIOTHÈQUE sera composée d'environ *soixante volumes*.

Les personnes qui souscriront *à la Collection complète*, ou pour *trente volumes au moins*, ne paieront chaque volume que TROIS FRANCS, et par la poste, 4 fr. 25 c.

Tous les ouvrages de la Collection se vendront séparément; mais pour les non-souscripteurs, le prix de chaque volume sera de TROIS FRANCS CINQUANTE CENTIMES, et par la poste, 4 fr. 75 c.

A. ÉVERAT,
Imprimeur.

En vente.

OEUVRES
DE
M. LE VICOMTE D'ARLINCOURT.

L'HERBAGÈRE, 2 vol. in-8° 7 fr.
LE SOLITAIRE, 1 vol. in-8° 3 fr. 50 c.
LE RENÉGAT, id. id. 3 fr. 50 c.

LES TEMPLIERS,
Par M. J. Brisset.
2 vol. in-8°. — Prix : 7 fr.

LE TOME CINQUIÈME
DES
MÉMOIRES DE FLEURY
De la Comédie-Française.
1 vol. in-8°. — Prix : 7 fr. 50 cent.

MÉMOIRES DE GRÉGOIRE,
ANCIEN ÉVÊQUE DE BLOIS, ETC.
2 vol. in-8°, ornés de son portrait: 15 fr.

A. ÉVERAT,
Imprimeur.

www.ingramcontent.com/pod-product-compliance
Lightning Source LLC
Chambersburg PA
CBHW050259170426
43202CB00011B/1743